# Força
# mental

**10 LEITURAS ESSENCIAIS**
**Harvard Business Review**

# Força mental

Os melhores artigos da **Harvard Business Review** para lidar com as adversidades, desenvolver a resiliência e crescer sob pressão

**Harvard Business Review Press**

SEXTANTE

Título original: *HBR's 10 Must Reads: On Mental Toughness*

Copyright © 2018 por Harvard Business School Publishing Corporation
Copyright da tradução © 2022 por GMT Editores Ltda.

Publicado mediante acordo com Harvard Business Review Press.
Todos os direitos reservados. Nenhuma parte deste livro pode ser utilizada ou reproduzida sob quaisquer meios existentes sem autorização por escrito dos editores.

*tradução*
Marcelo Schild Arlin

*preparo de originais*
Ana Claudia Ferrari

*revisão*
Luíza Côrtes e Midori Hatai

*adaptação de projeto gráfico e diagramação*
DTPhoenix Editorial

*adaptação de capa*
Ana Paula Daudt Brandão

*impressão e acabamento*
Associação Religiosa Imprensa da Fé

---

CIP-BRASIL. CATALOGAÇÃO NA PUBLICAÇÃO
SINDICATO NACIONAL DOS EDITORES DE LIVROS, RJ

F789    Força mental / [Graham Jones... [et al.]; tradução Marcelo Schild]. – 1. ed.
– Rio de Janeiro: Sextante, 2022.
144 p.; 23 cm.     (Harvard: 10 leituras essenciais)

Tradução de: HBR's 10 must reads: on mental toughness
ISBN 978-65-5564-414-2

1. Sucesso nos negócios. 2. Liderança. I. Jones, Graham. II. Schild, Marcelo. III. Título. IV. Série.

22-77781

CDD: 650.1
CDU: 658.811

Gabriela Faray Ferreira Lopes – Bibliotecária – CRB-7/6643

---

Todos os direitos reservados, no Brasil, por
GMT Editores Ltda.
Rua Voluntários da Pátria, 45 – Gr. 1.404 – Botafogo
22270-000 – Rio de Janeiro – RJ
Tel.: (21) 2538-4100 – Fax: (21) 2286-9244
E-mail: atendimento@sextante.com.br
www.sextante.com.br

# Sumário

1. Como os melhores entre os melhores ficam cada vez melhores     7
   *Graham Jones*

2. Os calvários da liderança     16
   *Warren G. Bennis e Robert J. Thomas*

3. Desenvolvendo a resiliência     33
   *Martin E. P. Seligman*

4. Saúde cognitiva     45
   *Roderick Gilkey e Clint Kilts*

5. A construção de um atleta corporativo     62
   *Jim Loehr e Tony Schwartz*

6. Estresse pode ser bom se você souber usá-lo     80
   *Alia Crum e Thomas Crum*

7. Como se recuperar de adversidades     85
   *Joshua D. Margolis e Paul G. Stoltz*

8. Recuperando-se de reveses na carreira     98
   *Mitchell Lee Marks, Philip Mirvis e Ron Ashkenas*

9. A matéria de que somos feitos 105
   *Glenn E. Mangurian*

10. Negociações extremas 116
    *Jeff Weiss, Aram Donigian e Jonathan Hughes*

BÔNUS

Crescimento pós-traumático e desenvolvimento da resiliência 134
Uma entrevista com Martin E. P. Seligman
*Sarah Green Carmichael*

Autores 141

# 1

# Como os melhores entre os melhores ficam cada vez melhores

*Graham Jones*

ATÉ 1954, A MAIORIA DAS PESSOAS acreditava que um ser humano era incapaz de correr 1 milha (1,6 quilômetro) em menos de quatro minutos. Mas, naquele mesmo ano, o velocista inglês de meia distância Roger Bannister provou que elas estavam erradas.

"Médicos e cientistas disseram que quebrar a barreira da milha em quatro minutos era impossível e que quem tentasse morreria", contou Bannister. "Então, quando me levantei da pista depois de ter desmoronado na linha de chegada, imaginei que estivesse morto. O que mostra que nos esportes, assim como nos negócios, o principal obstáculo para alcançar 'o impossível' pode ser uma mentalidade autolimitadora."

Como psicólogo desportivo, fui consultor de campeões olímpicos e mundiais de remo, natação, squash, corrida, iatismo, trampolim e judô durante boa parte da minha carreira. Em 1995, ao lado do nadador e medalhista de ouro olímpico Adrian Moorhouse, fundei a Lane4. Com a ajuda de outros atletas campeões, como Greg Searle, Alison Mowbray e Tom Murray, a empresa tem levado as lições de desempenho do atletismo de elite para organizações da Fortune 500 e do FTSE 100. Esporte não é negócio, é claro, mas as analogias são impressionantes. Em ambos os mundos, as personalidades de elite não nascem vencedoras: *tornam-se* vencedoras. Astros do esporte devem ter alguma habilidade natural – coordenação, flexibilidade, capacidades anatômicas –, assim como executivos seniores bem-sucedidos precisam ser capazes de pensar estrategicamente e de se relacionar com as pessoas. Mas o verdadeiro segredo para a excelência, tanto nos esportes quanto nos negócios, não é a capacidade de nadar rápido ou de fazer análises quantitativas de cabeça em pouco tempo. É a força mental.

Pessoas com desempenho de elite nas duas arenas prosperam sob pressão. Mais do que isso, mostram-se excelentes quando pressionadas. A ascensão delas ao topo é resultado de um planejamento muito cuidadoso – de definir e atingir centenas de pequenos objetivos. Essas pessoas usam a competição como forma de apurar suas habilidades e reinventar a si mesmas o tempo todo e, assim, permanecer à frente dos outros. Finalmente, sempre que obtêm grandes conquistas, dedicam tempo a celebrar suas vitórias. Vamos analisar melhor esses comportamentos.

### Ame a pressão

Só permanece no topo aquele que se mantém confortável em situações de muito estresse. Entre os que apresentam desempenho de elite, a capacidade de manter a tranquilidade sob pressão é uma das poucas características consideradas inatas. Mas, na verdade, é possível aprender a amar a pressão – e a extrair dela a motivação para ter um desempenho melhor do que jamais imaginou. Para isso, contudo, você precisa primeiro fazer a *escolha* de se dedicar apaixonadamente ao autodesenvolvimento. Quando perguntam a Greg Searle, medalhista de ouro no remo, se valeu a pena o preço que pagou pelo sucesso, sua resposta é sempre a mesma: "Nunca fiz nenhum sacrifício. Fiz escolhas."

Administrar a pressão é muito mais fácil se você pode focar somente na sua própria excelência. Os atletas de melhor desempenho não se permitem distrair pelas vitórias ou pelos fracassos dos outros. Eles se concentram no que podem controlar e esquecem o restante. Raramente se deixam atrair por eventos fora de uma competição. O golfista Darren Clarke, por exemplo, um dos melhores do mundo, ajudou a equipe europeia a conquistar uma Ryder Cup em 2006, seis semanas depois da morte de sua esposa. Pessoas que apresentam desempenho de elite são mestres em compartimentalização.

Se você deseja se destacar nos negócios, é importante olhar para dentro e ter autonomia. Vejamos um executivo a quem chamarei de Jack. Quando jovem, ele era tão apaixonado por luta livre que trocou a Universidade Harvard por uma faculdade menos proeminente – mas cuja equipe de luta livre estava mais bem colocada no ranking. Depois de obter seu mestrado em administração, Jack foi recrutado por um prestigioso banco de investimentos, onde chegou à posição de diretor-executivo. O que o motivou nunca foi a necessidade de impressionar as outras pessoas. "Não pense nem por um minuto que eu me empenho pelo status", disse ele certa vez. "Eu me empenho por mim. Penso no que faço até quando estou no chuveiro. E seria assim mesmo que não recebesse um centavo sequer."

Pessoas tão automotivadas quanto Jack ou Darren Clarke raramente se permitem autoflagelação. Isso não significa que não sejam duras consigo mesmas: não teriam chegado tão longe sem isso. Quando algo dá errado, superastros dos negócios e dos esportes sacodem a poeira e seguem em frente.

Outro fator que ajuda indivíduos com alto rendimento a amar a pressão é a capacidade de ligar e desligar seu envolvimento com projetos. Isso fica mais fácil quando há outros interesses na vida. A remadora Alison Mowbray, por exemplo, sempre reservou tempo para praticar piano, apesar de sua agenda extenuante de treinamento. Ela não somente ganhou uma medalha de prata nos Jogos Olímpicos de 2004, como se tornou uma pianista talentosa.

Para os melhores executivos, a descarga de adrenalina do trabalho pode ser tão viciante que é difícil se desligar. A menos que você consiga separar as coisas, como os atletas de elite fazem, inevitavelmente correrá o risco de ter um esgotamento no trabalho. Muitas pessoas do mundo dos negócios são apaixonadas por seus hobbies. Richard Branson é famoso por suas aventuras com balões, por exemplo. No entanto, até pequenas distrações, como jogar bridge ou ir à ópera, podem ser muito eficazes para ajudar executivos a se desconectar do trabalho e se reenergizar.

### Concentre-se no longo prazo

Boa parte da capacidade dos atletas de elite de se recuperar depois de uma derrota vem do foco intenso em objetivos e aspirações de longo prazo. Ao mesmo tempo, tanto astros do esporte quanto seus treinadores têm muita clareza de que a estrada para o sucesso é pavimentada com pequenas conquistas.

O truque aqui é planejar meticulosamente objetivos de curto prazo para alcançar o desempenho máximo em eventos de grande destaque, e não nos de menor importância. Para atletas que participam de esportes olímpicos, o treinamento e a preparação cumprem um ciclo de quatro anos. Mas nada impede que participem de campeonatos mundiais todo ano. A tensão inevitável resultante dessa agenda complicada exige uma administração muito cuidadosa.

O sucesso do nadador Adrian Moorhouse, medalhista de ouro olímpico em 1998, é um caso interessante. O objetivo de longo prazo dele era cumprir os 100 metros de nado peito em 62 segundos, porque, quatro anos antes, ele e seu técnico tinham calculado que esse tempo lhe garantiria o ouro. Obviamente, Adrian planejou outras vitórias nesse meio-tempo, mas todo o seu treinamento e a sua prática estavam direcionados para atingir o tempo de 62 segundos ou menos nos Jogos Olímpicos de Seul. Ele mapeou objetivos de curto prazo específicos em todas as áreas que afetariam seu desempenho – musculação, nutrição, força mental, técnica, entre outras – para assegurar aquele objetivo final.

Com frequência, executivos bem-sucedidos planejam cuidadosamente seu caminho para um objetivo de longo prazo. Certa vez, fui coach de uma mulher que chamarei de Deborah, uma gerente de TI que trabalhava para uma companhia aérea de baixo custo. A meta de longo prazo dela era se tornar executiva sênior em três anos. Identificamos várias áreas de desempenho nas quais ela precisava se tornar excelente – por exemplo, melhorar sua reputação e influência entre os executivos dos outros departamentos e administrar situações complexas. Então, definimos os objetivos de curto prazo que sustentariam conquistas em cada área de desempenho, como ingressar em uma força-tarefa nacional e liderar um projeto internacional. Juntos, construímos um sistema que monitorava de perto se Deborah estava atingindo os objetivos intermediários que a ajudariam a realizar sua visão de longo prazo. Nosso plano funcionou. Dois meses antes da sua meta de três anos, Deborah foi convidada a chefiar uma unidade que movimentava 12 milhões de dólares em vendas realizadas durante os voos.

## Use a competição

No atletismo, é comum que dois atletas de elite de países diferentes treinem juntos. Eu estava em um campo de treinamento da equipe britânica pré-olimpíadas de 1996 no qual o velocista de 100 metros rasos e campeão olímpico Linford Christie treinava ao lado de um atleta "convidado". Seu parceiro de treino era simplesmente Frankie Fredericks, da Namíbia, medalhista de prata e uma das maiores ameaças ao ouro olímpico de Christie no passado.

Para o remador campeão do mundo Tom Murray, competir com os melhores era sua fonte de inspiração para obter conquistas maiores. Murray integrava um grupo de 40 remadores selecionados para treinarem juntos na esperança de conquistar uma das 14 vagas da equipe olímpica de remo de 1996. Como a equipe só foi formada de fato dois meses antes dos Jogos de Atlanta, o grupo de 40 atletas treinou junto por quase quatro anos.

Como Murray recordou, uma das últimas avaliações de desempenho durante a semana que antecedeu a definição da equipe olímpica envolvia um teste de 2.000 metros na máquina de remo. Os 40 atletas fizeram o teste em quatro grupos de 10. Murray foi no terceiro. Nos dois primeiros, 15 remadores bateram recordes pessoais, e dois o fizeram em tempos menores do que qualquer pessoa nos Estados Unidos. O padrão de excelência subiu imediatamente. Murray percebeu que precisaria remar mais rápido do que tinha previsto. Ele acabou melhorando seu melhor tempo pessoal em três segundos e, com isso, entrou para a equipe olímpica.

Se você deseja chegar ao topo, como Murray, precisará treinar com as pessoas que mais farão você se esforçar. Certa vez, trabalhei como coach de um executivo a quem chamarei de Karl. Ele recusara um convite para assumir uma posição como o segundo no comando de uma empresa concorrente ganhando o dobro de seu salário na época. Deixou passar o que parecia ser uma excelente oportunidade na carreira porque a organização onde trabalhava estava profundamente comprometida em treiná-lo junto com outros executivos seniores para se tornarem líderes melhores. Karl tinha a reputação de exaurir as pessoas de sua equipe. Ele se deu conta de que, se mudasse de empresa, apenas repetiria aquele padrão de comportamento. Permaneceu no cargo porque sabia que seu coach e os colegas o ajudariam a crescer e a melhorar sua dinâmica com o time.

Organizações inteligentes criam conscientemente situações nas quais funcionários de alto rendimento pressionam uns aos outros como jamais ocorreria se estivessem trabalhando com colegas menos bem-sucedidos. Com frequência, programas de desenvolvimento de talentos reúnem as estrelas de uma empresa para treinamento intensivo justamente com esse propósito. Se você quer se tornar um grande executivo, ingressar em um programa assim deve ser sua prioridade.

### Reinvente a si mesmo

Chegar ao topo é difícil, mas permanecer lá é ainda mais complicado. Você ganhou aquela medalha olímpica, quebrou o recorde mundial ou acumulou mais vitórias do que qualquer outro no esporte em que atua. Então, como motiva a si mesmo a iniciar um novo ciclo de construção de força mental e física e vencer outra vez, especialmente agora que se tornou o padrão de excelência? Esse é um dos maiores desafios para pessoas que apresentam alto desempenho e precisam seguir reinventando a si mesmas.

Vejamos a atleta Sue Shotton. Estávamos trabalhando juntos em 1983, quando ela se tornou a número 1 do ranking feminino de ginástica no trampolim – ou seja, era considerada a melhor do mundo na modalidade. Contudo, ainda não tinha vencido um campeonato mundial.

Shotton estava determinada a conquistar aquele título e não deixava nada ao acaso. Desafiava a si mesma o tempo todo, trabalhando com fisiologistas, especialistas em biomecânica e técnicos esportivos de elite. Assim, mantinha-se atualizada sobre as abordagens mais modernas. Ela aperfeiçoava novos movimentos a partir da análise de vídeos e experimentou diferentes dietas nutricionais para aumentar a energia. Seus esforços foram recompensados em 1984, quando venceu o campeonato mundial da modalidade, tornando-se a primeira britânica a receber o título.

Shotton tinha um apetite insaciável por feedback – uma qualidade que vi em todas as pessoas de alto desempenho com quem trabalhei no mundo dos negócios. Elas têm uma necessidade particularmente forte de feedback imediato. Um diretor de vendas e marketing que conheci, um dos melhores em seu ramo de atuação, me contou que jamais teria permanecido na posição se o CEO não lhe tivesse feito críticas incansáveis, às vezes brutalmente honestas.

Se você se identifica com os perfis das pessoas de alto desempenho nos negócios que mencionei, também está em busca de conselhos sobre como se desenvolver e progredir na carreira. Uma palavra de cautela, no entanto: embora seja bom se sentir desafiado, é fundamental se cercar de feedbacks construtivos. Quando as críticas parecerem inúteis, tente descobrir o que há por trás delas. Obtenha dados mais específicos. Com orientações mais precisas, você notará melhorias concretas no seu desempenho.

## Celebre as vitórias

Pessoas com alto desempenho nos negócios sabem comemorar. Mais do que isso: elas investem quase tanto esforço nas celebrações quanto nas conquistas. Certa vez, trabalhei com um jogador de golfe profissional que, à medida que se aproximava do topo, recompensava a si mesmo com algo de que gostava quando era jovem – um relógio caro, um carro potente, uma casa nova. Eram lembretes de suas conquistas e, para ele, simbolizavam o trabalho duro, o comprometimento e a dedicação que investira no golfe por tantos anos.

Celebrar é mais do que descarregar emoções, podendo envolver um nível profundo de análise e ampliação da consciência. Aqueles que apresentam os melhores desempenhos não avançam antes de escrutinizar e compreender totalmente os fatores que alicerçam seu sucesso. Vi essa disciplina na equipe de rúgbi galesa, da qual fui consultor de 2000 a 2002. Depois de cada partida, os membros do time se esforçavam para analisar não somente suas falhas, mas também o que fizeram particularmente bem. Em geral, eles se dividiam em pequenos grupos para identificar e discutir os aspectos positivos do seu desempenho a fim de ser capazes de reproduzi-los no jogo seguinte. O exercício era uma maneira poderosa de desenvolver conhecimento e autoconfiança. Reafirmar a vitória significa proporcionar encorajamento para novas tentativas, mesmo com objetivos mais difíceis e arriscados.

No mundo dos negócios, onde as organizações sofrem pressão para atingir metas trimestrais de faturamento e os acionistas se mostram impacientes, os gestores deveriam avaliar o melhor momento e a duração das celebrações. Passar muito tempo comemorando é uma distração e, ainda pior, leva à complacência. Celebre – mas siga em frente. Não fique preso nos rituais do sucesso. No fim das contas, o objetivo de celebrar é atingir o nível de desempenho seguinte.

Algumas empresas sabem bem como administrar a tensão entre celebrar e desejar a próxima conquista. Uma provedora de telefonia móvel da Inglaterra organiza um baile anual para seus funcionários, gastando uma pequena fortuna para alugar casas de eventos conhecidas e contratar bandas pop. Mas um fator no sucesso da empresa é que os gestores sabem que festejar vem em nono lugar na lista das 10 razões para querer vencer. Como toda pessoa com alto rendimento, eles também têm consciência de que comemorar é questão de merecimento. Sem vitória, celebrações não fazem sentido.

## A vontade de vencer

Nos Jogos Olímpicos, é fácil ser cativado pelo desempenho impecável de atletas de elite que fazem suas conquistas parecerem naturais. No entanto, a "falta de esforço" é uma ilusão. Mesmo a estrela mais jovem passou anos se preparando e fracassou muitas vezes. O que motiva todas essas pessoas na elite do esporte ou dos negócios é um desejo feroz de competir e vencer. Ainda assim, a maioria dos participantes olímpicos volta para casa sem conquistar medalhas. Aqueles que têm um ímpeto verdadeiro voltarão a treinar. É isso que separa os que apresentam um desempenho de elite dos grandes realizadores comuns. São necessárias determinação e coragem supremas, quase inimagináveis, para voltar ao ringue e lutar até o fim. É isso que um atleta olímpico faz. Se você busca um desempenho de elite nos negócios, também é o que precisa fazer.

**Publicado originalmente em junho de 2008.**

# 2

# Os calvários da liderança

*Warren G. Bennis e Robert J. Thomas*

**COMO PESSOAS QUE PASSARAM A VIDA** estudando liderança, somos fascinados pela ideia do que faz de alguém um líder. Por que certas pessoas parecem inspirar naturalmente confiança, lealdade e trabalho duro enquanto outras (que podem ter tanta visão e inteligência quanto aquelas) tropeçam repetidas vezes?

Essa é uma pergunta recorrente e não existe uma resposta simples, mas acreditamos que esteja relacionada à forma como as pessoas lidam com adversidades. Nossa pesquisa mais recente nos levou a concluir que um dos indicadores mais confiáveis da verdadeira liderança é a capacidade do indivíduo de encontrar sentido em eventos negativos e aprender até mesmo nas circunstâncias mais penosas. Dito de outra maneira, as habilidades necessárias para superar reveses e emergir deles mais forte e mais comprometido do que nunca são as mesmas que transformam algumas pessoas em líderes extraordinários.

Vejamos Sidney Harman. Há 34 anos, então com 48 anos, ele ocupava duas posições executivas: era o executivo-chefe da Harman Kardon (agora

Harman International), a empresa de componentes de áudio que ajudara a fundar, e presidente da Friends World College, uma escola experimental quaker em Long Island cuja filosofia essencial é que os estudantes, e não seus professores, são os responsáveis pelo próprio aprendizado. Equilibrando os dois cargos, Harman vivia o que ele chama de uma "vida bifurcada", trocando de roupa no carro e almoçando enquanto dirigia dos escritórios e fábricas da Harman Kardon para o campus da Friends World. Um dia, quando estava na faculdade, disseram-lhe que havia uma crise na fábrica da Harman em Bolivar, Tennessee.

Ele foi às pressas para a fábrica em Bolivar, que era, como Harman lembra, "bruta, feia e, em muitos aspectos, degradante". O problema, ele descobriu, surgira no departamento de polimento e lustração, onde uma equipe de 12 funcionários, a maioria afro-americanos, fazia o trabalho tedioso e pesado de polir espelhos e outros itens, em condições frequentemente insalubres. Os homens no turno da noite deveriam ter uma pausa para um café às 10 horas. Quando o alarme que anunciava o intervalo quebrou, a gerência decidiu arbitrariamente adiar a pausa por 10 minutos, quando outra sirene estava programada para soar. Mas um trabalhador, "um negro idoso com um nome quase bíblico, Noah B. Cross", teve "uma epifania", como descreve Harman. "Ele disse para os colegas: 'Eu não trabalho para nenhum alarme. O alarme trabalha para mim. Eu digo a mim mesmo quando são 10 horas. Tenho um relógio. Não vou esperar mais 10 minutos. E vou fazer a minha pausa para o café.' Todos os 12 homens pararam para o café e, é claro, instaurou-se o caos."

A rebelião dos trabalhadores, motivada por princípios (a recusa a serem intimidados pela regra sem sentido da gerência), foi, por sua vez, uma revelação para Harman: "A tecnologia está lá para servir aos homens, não o contrário", percebeu ele. "De repente, tive o insight de que tudo que eu estava fazendo na faculdade se aplicava aos negócios." Nos anos seguintes, Harman reformou a fábrica, transformando-a em uma espécie de campus – oferecendo cursos no local, inclusive aulas de piano, e mudou as regras de operação, estimulando os funcionários a assumir quase toda a responsabilidade por seus locais de trabalho. Mais do que isso, criou um ambiente em que discordâncias não eram apenas toleradas, mas também incentivadas. O animado jornal independente da fábrica, o *Bolivar Mirror*, proporcionava

> **Em resumo**
>
> O que capacita um líder a inspirar confiança, lealdade e trabalho duro, enquanto outros – com a mesma visão e inteligência – tropeçam? A forma como as pessoas lidam com adversidades nos dá uma pista.
> Líderes extraordinários encontram sentido em – e aprendem com – eventos negativos. Como a fênix se erguendo das cinzas, eles emergem das adversidades mais fortes, mais confiantes em si mesmos e no seu propósito e mais comprometidos com o trabalho.
> Esses acontecimentos transformadores são chamados de calvários – um teste ou provação severa. Calvários são intensos, muitas vezes traumáticos – e quase sempre imprevisíveis.

aos trabalhadores uma válvula de escape criativa e emocional – e eles provocavam Harman com bastante ênfase nas suas páginas.

De forma inesperada, Harman se tornara um pioneiro da gestão participativa, um movimento que continua a influenciar a organização de locais de trabalho em todo o mundo. O conceito não foi uma grande ideia concebida no escritório do CEO e imposta à fábrica, diz Harman: surgiu organicamente depois da sua ida a Bolivar para, em suas palavras, "apagar aquele incêndio". A transformação de Harman foi, acima de tudo, criativa. Ele conectou duas ideias que pareciam não ter relação e criou uma abordagem radicalmente diferente de gestão que reconhecia tanto os benefícios econômicos quanto os humanos de um local de trabalho mais colegiado. A partir daí, Harman teve uma carreira plena de realizações. Além de fundar a Harman International, serviu como vice-secretário de Comércio do governo do presidente Jimmy Carter. Mas ele sempre se lembrava do incidente em Bolivar como o divisor de águas da sua vida profissional, o momento no qual amadureceu como líder.

Os detalhes da história de Harman são únicos, mas a importância deles, não. Depois de três anos entrevistando mais de 40 dos maiores líderes do mundo dos negócios e da administração pública, nos surpreendemos ao descobrir que todos eles – fossem jovens ou mais velhos – eram capazes de apontar experiências intensas, com frequência traumáticas, sempre não planejadas, que tinham transformado e moldado suas capacidades distintivas de liderança. Passamos a chamá-las de "calvários".

Para os líderes que entrevistamos, a experiência foi uma provação e um teste, um ponto de autorreflexão profunda que os forçou a questionar quem eram e o que importava para eles. Exigiu que examinassem seus valores, questionassem suas premissas e aguçassem seu julgamento. E, sem exceção, eles saíram do processo mais fortes e mais seguros de si e do seu propósito – transformados de uma maneira fundamental.

### Aprendendo com a diferença

Um calvário é, por definição, uma experiência transformadora por meio da qual uma pessoa chega a um senso de identidade novo ou alterado. Portanto, talvez não seja surpreendente que um dos tipos mais comuns de calvário que documentamos envolva a vivência de preconceito. Ser vítima de preconceito é particularmente traumático porque força um indivíduo a confrontar uma imagem distorcida dele – ou dela – e com frequência liberta sentimentos profundos de raiva, perplexidade e até retraimento. Apesar de todo o trauma, a experiência de preconceito é esclarecedora para alguns. Por meio dela, eles obtêm uma visão mais clara de quem são, do papel que desempenham e do seu lugar no mundo.

Vejamos, por exemplo, Liz Altman, vice-presidente da Motorola. O ano que passou em uma fábrica de filmadoras da Sony no Japão rural, onde enfrentou tanto alienação quanto machismo, a transformou. Ela diz que aquela foi, "de longe, a coisa mais difícil que já fiz". A cultura estrangeira – em particular, sua ênfase em grupos mais do que em indivíduos – foi tanto um choque quanto um desafio para uma jovem americana. Não se tratava apenas de se sentir solitária em um mundo estranho. Ela precisou encarar a assustadora ideia de conquistar um espaço para si mesma sendo a única engenheira em uma fábrica. E mais: em um país no qual as mulheres geralmente desempenham funções de assistentes e atendentes subalternas e são conhecidas como "damas de escritório".

Altman soube por outra mulher que havia trabalhado no Japão em circunstâncias similares que a única maneira de conquistar o respeito dos homens era evitar se tornar aliada das damas de escritório. No entanto, na sua

## Na prática

**A experiência do calvário**

Calvários forçam líderes a fazer uma autorreflexão profunda, na qual examinam seus valores, questionam suas premissas e aguçam seu julgamento.

*Exemplo:* Sidney Harman – cofundador da empresa Harman Kardon, fabricante de componentes de áudio, e presidente de uma faculdade experimental que estimulava o protagonismo dos estudantes na própria educação – encontrou o seu calvário quando "o caos se instaurou" em uma das suas fábricas. Gerentes adiaram uma pausa programada porque o alarme não tocou, e os trabalhadores se rebelaram. "Não trabalho para nenhum alarme", proclamou um deles.

Para Harman, essa recusa a obedecer à regra sem sentido da gerência indicou uma conexão surpreendente entre os negócios e o aprendizado motivado pelos alunos. Pioneiro da gestão participativa, Harman transformou sua fábrica em uma espécie de campus, oferecendo aulas e estimulando pontos de vista divergentes. Ele considera a rebelião o evento formador de sua carreira – o momento no qual se tornou um verdadeiro líder.

**As muitas formas de calvários**

Alguns calvários são violentos e podem colocar vidas em risco (pelo embate com preconceitos ou doenças). Outros são mais positivos, mas, ainda assim, bastante desafiadores (como chefes ou mentores exigentes). Seja como for, líderes criam uma narrativa contando como enfrentaram o desafio e se tornaram melhores por causa disso.

*Exemplo:* Quando trabalhava para Robert F. Maddox, ex-prefeito de Atlanta, Vernon Jordan suportou repetidas provocações racistas por parte do chefe. Em vez de deixar o sadismo de Maddox destruí-lo, Jordan interpretou o comportamento como um ataque desesperado de alguém que sabia que a era de privilégios para pessoas brancas estava em xeque. A resposta de Jordan fez dele um advogado respeitado e conselheiro presidencial.

> **Habilidades de liderança essenciais**
> Quatro habilidades que capacitam líderes a aprender com adversidades:
>
> 1. **Engajar os outros a partir de um significado compartilhado.** Sidney Harman mobilizou empregados em torno de uma radical nova abordagem de gestão – em meio a uma crise na fábrica.
> 2. **Encontrar uma voz característica e convincente.** Somente com palavras, Jack Coleman, presidente de uma faculdade, evitou um confronto violento entre a equipe de futebol americano e manifestantes contra a guerra do Vietnã que ameaçavam queimar a bandeira americana. A sugestão de Coleman para os manifestantes? Baixar a bandeira, lavá-la e depois hasteá-la de novo.
> 3. **Manter a integridade.** Os valores de Coleman prevaleceram durante o confronto intensamente emocional entre os manifestantes antiguerra e os jogadores de futebol americano irados.
> 4. **Ser capaz de se adaptar.** Essa habilidade mais crítica inclui a *capacidade de entender o contexto* e a *resiliência*. Entender o contexto exige avaliar muitos fatores (por exemplo, como pessoas diferentes interpretarão determinado gesto). Sem essa qualidade, líderes não conseguem se conectar com as partes envolvidas. Já a resiliência fornece a perseverança e a força necessárias para manter a esperança em meio ao desastre. Por exemplo, Michael Klein enriqueceu em transações imobiliárias quando ainda era adolescente, perdeu tudo aos 20 anos e depois construiu vários outros negócios – entre eles, transformou uma minúscula empresa de software em uma organização que atraiu a atenção da Hewlett-Packard, por quem foi adquirida.

primeira manhã de trabalho, quando o alarme tocou para a pausa do café, os homens a ignoraram e seguiram na direção contrária à das mulheres. Na mesa delas havia um lugar reservado para Altman. Seus instintos lhe disseram para ignorar o conselho em vez de insultar as mulheres recusando o convite.

Nos dias seguintes, ela continuou se juntando às mulheres durante as pausas, uma escolha que lhe proporcionou um refúgio confortável de onde podia observar a cultura do escritório. Altman logo percebeu que alguns homens passavam o intervalo lendo revistas à mesa e decidiu fazer o mesmo de vez em quando. Depois de prestar bastante atenção nas conversas ao seu redor, Altman percebeu que vários homens se interessavam por mountain biking. Como ela própria queria comprar uma bicicleta desse tipo, pediu recomendações. Assim, com o tempo, firmou-se como uma espécie de agente livre, às vezes se sentando com as mulheres e em outras ocasiões interagindo com os homens.

Além disso, uma das mulheres com quem ela se sentara no seu primeiro dia, a secretária do departamento, era casada com um dos engenheiros. Essa mulher passou a incluir Altman em reuniões sociais, uma guinada que provavelmente não teria ocorrido se ela tivesse ficado alheia às colegas de trabalho naquele primeiro dia.

Em retrospecto, Altman acredita que a experiência a ajudou a ter uma noção mais clara de suas forças e capacidades pessoais, preparando-a para outras situações difíceis. Durante seu período no Japão, ela aprendeu a observar atentamente e a evitar conclusões precipitadas baseadas em premissas culturais – habilidades muito valiosas em sua posição atual na Motorola, onde lidera esforços para conciliar outras culturas corporativas, inclusive as das diferentes operações regionais da marca.

Altman considera que não teria sido tão capaz de trabalhar na empresa se não tivesse morado em um país estrangeiro e vivenciado a dissonância de culturas: "Mesmo que você esteja sentado na mesma sala, concordando ostensivamente, se não compreender a estrutura ou a referência você estará deixando passar muito do que está acontecendo." Ela também credita ao seu calvário o desenvolvimento da autoconfiança – hoje sente que pode lidar com quase qualquer coisa que lhe aconteça.

Mas o estigma das diferenças culturais pode estar bem mais perto de casa. Muriel "Mickie" Siebert, a primeira mulher a ter um posto na Bolsa de Valores de Nova York, encontrou o seu calvário na Wall Street das décadas de 1950 e 1960. Era uma arena tão machista que ela só pôde começar a trabalhar como corretora de ações depois de tirar seu primeiro nome do currículo e substituí-lo por uma inicial. Exceto por secretárias e analistas ocasionais, as mulheres eram raras ali. O fato de ser judia foi mais um golpe contra Siebert em uma época na qual a maioria das grandes empresas era "nada gentil" com mulheres e judeus. Mas ela não se deixou derrotar: emergiu mais forte, mais focada e mais determinada a mudar o cenário que a excluía.

Quando entrevistamos Siebert, ela descreveu sua maneira de abordar o antissemitismo – uma técnica que aplacava os comentários ofensivos dos seus colegas sem destruir os relacionamentos dos quais ela precisava para executar seu trabalho com eficiência. Segundo Siebert, na época era usual tomar alguns drinques durante o almoço. "E era só a pessoa beber umas doses que logo começaria a falar sobre os judeus", lembra. Ela tinha um cartão de visita que dizia o seguinte:

*Rosas são vermelhas,*
*Violetas são azuis,*
*Caso você não saiba,*
*Eu sou judia.*

O cartão, que também trazia a frase "Gostei do almoço", era entregue depois à pessoa que fizera comentários antissemitas. Como ela lembra, "eles recebiam o cartão à tarde e eu não precisava mais tolerar aquela besteira. Além disso, nunca constrangi ninguém". Ela comprou um posto na Bolsa de Valores de Nova York e começou a trabalhar por conta própria porque nenhuma das grandes empresas de Wall Street lhe deu crédito pelos negócios que estava trazendo.

Nos anos seguintes, fundou a Muriel Siebert & Company (agora Siebert Financial Corporation) e se dedicou a evitar que outras pessoas passassem pelas mesmas dificuldades que ela enfrentou quando era uma jovem profissional. Defensora proeminente das mulheres no mundo dos negócios e líder no desenvolvimento de produtos financeiros voltados para o público feminino, Siebert também trabalha pela educação de crianças sobre oportunidades financeiras e responsabilidade.

Não entrevistamos o advogado e conselheiro presidencial Vernon Jordan para este artigo, mas ele também manda um lembrete poderoso de como o preconceito às vezes se revela transformador em vez de corrosivo. Em *Vernon Can Read! A Memoir* (Vernon sabe ler! Uma autobiografia), Jordan descreve as provocações perversas às quais foi submetido quando jovem. O homem que o tratava de maneira ofensiva era seu empregador, Robert F. Maddox. Jordan servia o ex-prefeito racista de Atlanta no jantar, de casaca branca, com um guardanapo pendurado no braço. Também trabalhava como motorista de Maddox. Sempre que podia, Maddox anunciava com desdém que "Vernon sabe ler", como se a alfabetização de um jovem afro-americano fosse razão de espanto.

Submetido a esse tipo de abuso, um homem fraco poderia ter se deixado destruir por Maddox. Mas, em suas memórias, Jordan nos oferece sua própria interpretação da provocação sádica do ex-patrão, uma história que conferiu a Jordan mais poder em vez de amargurá-lo. Ao analisar Maddox, Jordan não enxergou um membro poderoso da classe dominante do estado americano da Geórgia, no Sul do país. Ele viu um anacronismo desesperado, uma pessoa que atacava porque sabia que o seu tempo tinha terminado. "Seus comentários meio zombeteiros, meio sérios, sobre minha educação foram os últimos suspiros da sua cultura. Quando viu que eu estava construindo para mim uma vida que me transformaria em um homem como ele achava que os homens deveriam ser, ele ficou profundamente irritado", escreve Jordan.

A crueldade de Maddox foi o calvário que, conscientemente ou não, Jordan imbuiu de um significado redentor. Em vez de atacar ou ficar paralisado pelo ódio, ele viu a queda do Velho Sul americano e imaginou o próprio futuro sem os grilhões históricos do racismo. Sua capacidade de ressignificar uma crise em potencial forjou sua liderança.

## Prevalecendo sobre a escuridão

Algumas experiências de calvário iluminam uma área escondida e reprimida da alma. Com frequência, são os calvários mais penosos, envolvendo, por exemplo, episódios de doença ou de violência. No caso de Sidney Rittenberg, de 79 anos, o calvário tomou a forma de 16 anos de encarceramento injusto em uma solitária na China comunista. Em 1949, Rittenberg foi preso, sem explicação, pelo governo do presidente Mao Zedong e passou o primeiro ano na escuridão total, exceto nos momentos em que estava sendo interrogado. (Depois, Rittenberg descobriu que sua prisão fora ordenada por oficiais do Partido Comunista em Moscou

## Nerds e velhotes

Não pretendíamos aprender sobre calvários. O objetivo de nossa pesquisa para este artigo e para nosso novo livro, *Geeks and Geezers* (Nerds e velhotes), era descobrir como cada época influencia as motivações e as aspirações de um líder. Entrevistamos 43 dos maiores líderes da atualidade nos negócios e no setor público, limitando-nos a pessoas nascidas em (ou antes de) 1925 ou em (ou depois de) 1970. Para nosso deleite, aprendemos muito sobre como idade e época afetam o estilo de liderança.

Nossos nerds e velhotes (os apelidos carinhosos com que descrevemos os dois grupos) tinham ideias muito diferentes sobre o cumprimento de obrigações, o equilíbrio entre trabalho e vida pessoal, o papel de herói, entre outros temas. Mas também compartilhavam algumas semelhanças impressionantes, como o amor pelo aprendizado e o forte senso de valores. O mais intrigante foi que tanto os nerds quanto os velhotes nos contaram muitas vezes quanto certas experiências os inspiraram, moldaram e, na prática, os ensinaram a liderar. Como costuma acontecer durante uma pesquisa, nosso trabalho acabou se revelando ainda mais interessante do que pensávamos. Continuamos explorando as influências de épocas específicas – nossas descobertas estão descritas no livro –, mas, ao mesmo tempo, procuramos histórias de experiências de calvário. São as que compartilhamos com vocês aqui.

---

que o haviam identificado erroneamente como um agente da CIA.) Preso, confinado a uma cela minúscula e escura como breu, ele não protestou nem entrou em pânico. Em vez disso, em poucos minutos, lembrou-se da estrofe de um poema, quatro versos que lhe foram recitados quando ele ainda era uma criança:

> *Eles traçaram um círculo que me isolou*
> *Herege, rebelde, algo a se desprezar*
> *Mas o amor e eu tivemos a esperteza de vencer*
> *Desenhamos um círculo que os acolheu!*

Aquele trecho, adaptado de "Outwitted", poema de Edwin Markham, foi o segredo para a sobrevivência de Rittenberg. "Meu Deus", pensou ele, "aí está a minha estratégia." Ele atraiu os guardas da prisão para o seu círculo, cultivando relações que o ajudariam a se adaptar ao confinamento. Fluente

## Reinvenção ao extremo: o poder da neotenia

Todos os nossos entrevistados descreveram seus calvários como oportunidades de reinvenção, no sentido de analisar suas vidas e encontrar significado em circunstâncias que muitas pessoas considerariam assustadoras e com potencial paralisante. No extremo, essa capacidade de reinvenção lembra uma juventude eterna – uma espécie de vigor, de abertura, e uma capacidade duradoura de se maravilhar que é a antítese da velhice estereotipada.

Pegamos emprestado da biologia o termo "neotenia" – que, segundo o dicionário, significa "retenção de características juvenis nos adultos de uma espécie" – para descrever essa qualidade, esse deleite em viver aprendendo que todos os líderes que entrevistamos demonstraram, independentemente da idade. Sem exceção, eles estavam cheios de energia, curiosidade e confiança de que o mundo é um lugar de maravilhas dispostas diante deles como um banquete sem fim.

Com quase 80 anos, Robert Galvin, ex-presidente da Motorola, passa seus finais de semana praticando windsurfe. Arthur Levitt Jr., ex-presidente da SEC, a comissão de valores mobiliários dos Estados Unidos, é um ávido caminhante aos 71. E o arquiteto Frank Gehry é um jogador de hóquei no gelo de 72 anos. Mas não é apenas uma afinidade por atividade física que caracteriza a neotenia, e sim um apetite pelo aprendizado e pelo autodesenvolvimento, uma curiosidade e uma paixão pela vida.

Para compreender por que essa qualidade é tão poderosa em um líder, vale dar uma rápida olhada no princípio científico por trás dela: a neotenia como motor evolucionário. Foi a carinha irresistível de filhote de certos lobos antigos que permitiu que eles evoluíssem para cachorros. Ao longo de milênios, os humanos se aproximaram dos lobos mais amigáveis, mais acessíveis e curiosos. Naturalmente, as pessoas eram mais atraídas por animais menos inclinados a atacar de repente, que as olhavam nos olhos e pareciam quase humanos em sua reação à proximidade com o homem. Em resumo, aqueles que lembravam cachorrinhos. Como bebês humanos, eles têm certas qualidades que despertam nos adultos o desejo de cuidar.

em mandarim, convenceu os guardas a levarem livros para ele, além de uma vela para que pudesse ler. Ele também decidiu, depois do primeiro ano, dedicar-se a melhorar sua mente – tornando-a mais científica, mais pura e mais dedicada ao socialismo. Ele acreditava que, se elevasse sua consciência, seus captores o compreenderiam melhor. E quando, com o tempo, os anos na escuridão começaram a cobrar seu preço e Rittenberg

Quando bebês veem um adulto, com frequência reagem com um sorriso que começa pequeno e cresce lentamente até se tornar radiante. Isso faz o adulto se sentir no centro do universo. Estudos recentes sobre a construção de vínculos indicam que cuidar e ter outras interações íntimas com um bebê inunda o organismo da mãe de oxitocina, um hormônio calmante que proporciona uma sensação agradável e atua como antídoto poderoso ao cortisol, o hormônio produzido pelo estresse. A oxitocina parece ser a cola que produz o vínculo. E a aparência e os comportamentos distintivos do bebê provocam a liberação de oxitocina no adulto felizardo. A carinha – que nos faz soltar um "aaah" involuntário sempre que vemos um bebê – e os comportamentos indutores de oxitocina permitem que os bebês recrutem adultos para ser seus cuidadores, o que é essencial para a sobrevivência dessas criaturas tão vulneráveis e dependentes.

O poder da neotenia para encantar protetores e cuidadores foi vividamente ilustrado na antiga União Soviética. Há 40 anos, um cientista soviético decidiu criar raposas prateadas para neotenia em uma fazenda de peles siberiana. O objetivo era dar origem a uma espécie mais dócil, que iria para o abatedouro sem a agitação da raposa prateada típica. Somente os animais menos agressivos e mais acessíveis eram cruzados.

Trinta e cinco gerações depois, a fazenda é o lar de uma raça de raposas mansas que têm atitudes de animais jovens. Elas se parecem mais com cachorros do que com seus antepassados selvagens. As mudanças físicas são notáveis (algumas possuem orelhas moles e caídas, como as dos cachorros), mas o que é verdadeiramente chocante é a mudança que a neotenia forjou na reação dos humanos a elas. Em vez de tirar vantagem do fato de que os animais não mordem nem rosnam a caminho da morte, seus criadores humanos parecem ter sido seduzidos pelos animais, agora fofos e cativantes. As duas espécies – homem e raposa mansa – criaram laços tão fortes que os criadores tentam encontrar maneiras de salvar os animais do abate.

achou que enlouqueceria, ele ainda conseguia invocar contos de fadas e histórias da infância e buscar conforto em suas mensagens simples.

Em contraste, muitos dos companheiros de cadeia de Rittenberg tinham ataques raivosos ou se retraíam. "Eles não conseguiam suportar. E acho que é porque não entendiam que a felicidade não é produto das circunstâncias, e sim da mentalidade em relação à vida."

Rittenberg manteve o comprometimento com seus ideais depois de ser solto. A porta de sua cela foi aberta de repente em 1955, depois de seis anos na prisão. Ele relata: "Ali estava um representante do governo central dizendo que eu tinha sido vítima de uma injustiça, que o governo estava preparando um pedido formal de desculpas e que fariam tudo o que fosse possível para uma reparação." Quando seus captores lhe ofereceram dinheiro para começar uma vida nova nos Estados Unidos ou viajar pela Europa, Rittenberg recusou, escolhendo permanecer na China e continuar seu trabalho para o Partido Comunista.

Mesmo quando foi preso pela segunda vez e amargou 10 anos na solitária como retaliação por seu apoio à democracia durante a Revolução Cultural, Rittenberg não se permitiu desanimar. Em vez disso, usou seu tempo na cadeia como uma oportunidade para questionar seu sistema de crenças – em particular, seu comprometimento com o marxismo e com o presidente Mao. "Neste sentido, a prisão me emancipou", diz ele.

Rittenberg estudou, leu, escreveu, pensou e aprendeu algo sobre si mesmo no processo. "Percebi que tinha um medo enorme de ser vira-casaca. Era um medo tão poderoso que me impedia de olhar até mesmo para [as minhas suposições]. Questionar era um ato de traição. Depois que fui solto, o véu foi removido dos meus olhos e compreendi que a doutrina básica de chegar à democracia por meio da ditadura era errada."

Mais do que isso, Rittenberg saiu da prisão certo de que absolutamente nada em sua vida profissional poderia derrotá-lo e fundou com a esposa a Rittenberg Associates, uma firma de consultoria dedicada a desenvolver laços comerciais entre os Estados Unidos e a China. Hoje, Rittenberg é tão comprometido com seus ideais – e com sua visão sobre a melhor maneira de atingi-los – quanto há 50 anos, quando foi testado de forma tão drástica.

## Atendendo a grandes expectativas

Felizmente, nem todo calvário é traumático. Na verdade, pode envolver uma experiência positiva, ainda que muito desafiadora, como ter um patrão ou mentor exigente. O juiz Nathaniel R. Jones, da Corte de Apelações dos Estados Unidos para o Sexto Circuito, atribui grande parte do seu sucesso à sua interação com um mentor esplêndido. O mentor foi J. Maynard

Dickerson, um advogado bem-sucedido – o primeiro promotor negro de uma cidade americana – e editor de um jornal afro-americano local.

Dickerson influenciou Jones de muitas maneiras. Por exemplo, ele levou Jones para os bastidores a fim de testemunhar em primeira mão a grande luta pelos direitos civis da década de 1950, convidando-o a participar de conversas com ativistas como Thurgood Marshall, Walter White, Roy Wilkins e Robert C. Weaver. "Fiquei impressionado com o propósito deles, seu humor e sua determinação em não deixar que os sistemas os definissem. Em vez de se sentirem derrotados, eles viraram o jogo", afirma Jones. Sem dúvida, a experiência influenciou as muitas opiniões importantes que o juiz Jones escreveu a respeito dos direitos civis.

Dickerson era tanto um modelo quanto um instrutor. Suas lições cobriam todos os aspectos do crescimento intelectual de Jones, incluindo ensinamentos sobre o que chamamos hoje de "inteligência emocional". Dickerson definia os padrões mais elevados para Jones, especialmente na área da comunicação – uma habilidade que descobrimos ser essencial para a liderança. O promotor editou, em tinta vermelha e com impiedade respeitosa, as primeiras tentativas de Jones de escrever uma coluna esportiva, como Jones se lembra até hoje, marcando a cópia até rasgar. Mas Dickerson também dedicou tempo a explicar cada erro e por que era importante corrigir.

Grandes expectativas são prova de grande respeito, e Jones se sentia profundamente motivado pelo desejo de não decepcionar o "Sr. Dickerson" (como ainda o chamava) à medida que aprendia as lições complexas, e muitas vezes sutis, sobre como ser bem-sucedido. A educação intensiva que recebeu de Dickerson preparou Jones para sucedê-lo profissional e moralmente. De fato, Jones se tornou um instrumento para a profunda mudança social pela qual Dickerson lutou com tanta coragem. A atenção que o mentor dedicou a seu pupilo mudou a vida de Jones – uma atenção alimentada pela convicção de que, embora fosse apenas um adolescente, ele tinha um papel vital a desempenhar na sociedade e um destino importante.

Outra história de mentor poderoso chegou até nós por meio de Michael Klein, um jovem que fez milhões em transações imobiliárias no sul da Califórnia quando ainda era adolescente, perdeu o que ganhou ao completar 20 anos e depois fundou vários outros negócios. O mentor era seu avô, Max

S. Klein, criador da moda de pintura por números que varreu os Estados Unidos nas décadas de 1950 e 1960. Klein tinha apenas 4 ou 5 anos quando o avô se dispôs a compartilhar com ele seus conhecimentos do mundo dos negócios. Ao longo dos anos, o avô de Michael Klein o ensinou a lidar com as mudanças, e os dois conversavam pelo telefone por uma hora todos os dias até pouco antes da morte de Max Klein.

## Os elementos essenciais da liderança

Nas nossas entrevistas, ouvimos muitas experiências de calvário. Vejamos Jack Coleman, de 78 anos, ex-presidente da Haverford College, na Pensilvânia. Ele contou que, um dia, durante a guerra do Vietnã, recebeu a informação de que um grupo de estudantes estava planejando baixar a bandeira americana e queimá-la – e que ex-membros do time de futebol americano se opunham à iniciativa. Coleman teve a ideia de se antecipar à violência sugerindo que os manifestantes baixassem a bandeira, a lavassem e depois a hasteassem novamente – um momento de calvário que ainda hoje desperta fortes emoções em Coleman quando ele conta sobre aquele dia.

Há também o fundador da Common Cause, John W. Gardner, que morreu aos 89 anos. O treinamento árduo como fuzileiro naval durante a Segunda Guerra Mundial foi o calvário que fez emergirem suas habilidades de liderança. O arquiteto Frank Gehry falou sobre os vieses que vivenciou como judeu na faculdade. Jeff Wilke, gerente-geral em uma grande fábrica, contou sobre o dia em que descobriu que um funcionário fora morto ali; a experiência lhe ensinou que a liderança era muito mais do que atingir metas trimestrais.

O que permitiu que todas essas pessoas não somente lidassem com situações difíceis, mas também aprendessem com elas? Acreditamos que grandes líderes têm quatro habilidades essenciais e ficamos surpresos ao descobrir que são elas que permitem que uma pessoa encontre significado no que poderia ser uma experiência debilitante. A primeira é a capacidade de envolver outros em um significado compartilhado. Pense em Sidney Harman, que mergulhou em um ambiente de trabalho caótico para mobilizar os funcionários em torno de uma abordagem de gestão totalmente nova. A segunda é uma voz única e persuasiva. Veja a capacidade de Jack

Coleman de solucionar uma situação potencialmente violenta somente com suas palavras. A terceira é um senso de integridade (incluindo um forte conjunto de valores). Aqui, apontamos de novo para Coleman, cujos valores prevaleceram mesmo durante o embate emocional entre manifestantes pacifistas e jogadores furiosos (e fortes) do time de futebol americano.

Mas, de longe, a habilidade mais crítica das quatro é a que chamamos de "capacidade adaptativa". Trata-se, em essência, de criatividade aplicada – uma capacidade quase mágica de transcender adversidades, com todo o estresse que as acompanha, e emergir mais forte do que antes. Ela é composta de duas qualidades primárias: a capacidade de compreender o contexto e a resiliência. A capacidade de entender o contexto implica ponderar fatores difusos, desde a forma como grupos de pessoas muito diferentes interpretarão um gesto até colocar uma situação em perspectiva. Sem isso, os líderes estão totalmente perdidos, porque não conseguem se conectar com as partes envolvidas. M. Douglas Ivester, que sucedeu a Roberto Goizueta na Coca-Cola, demonstrou uma triste incapacidade de compreender o contexto e ficou somente 28 meses no cargo. Basta dizer que ele rebaixou seu funcionário afro-americano de mais alto escalão justo quando a empresa estava perdendo uma ação popular de 200 milhões de dólares movida por funcionários negros – e isso em Atlanta, cidade com uma poderosa maioria afro-americana. Compare Ivester a Vernon Jordan. Jordan percebeu que o tempo de seu chefe tinha chegado ao fim – não somente seu tempo no poder, mas a era que o formara como indivíduo. Assim, Jordan conseguiu enxergar além dos insultos e identificar na amargura do chefe ataques desesperados.

Resiliência é justamente o que parece: a perseverança e a força que capacitam as pessoas a emergir de circunstâncias devastadoras sem perder a esperança. Vejamos Michael Klein, que experimentou o fracasso, mas não se deixou derrotar. O único bem que lhe havia sobrado fora uma minúscula empresa de software que comprara. Klein a transformou na Transoft Networks, que foi adquirida pela Hewlett-Packard em 1999. Veja também Mickie Siebert, que usou seu senso de humor para encurtar conversas ofensivas. Ou a força de Sidney Rittenberg durante seu encarceramento. Ele recorreu às suas memórias pessoais e à sua força interior para emergir sem amargura daquele longo período na prisão.

É a combinação de resiliência e capacidade de entender o contexto que, acima de tudo, permite que alguém não somente sobreviva a um calvário, mas aprenda com ele e emerja mais forte, mais engajado e mais comprometido. Esses atributos permitem aos líderes crescerem com seus calvários em vez de serem destruídos por eles, encontrando oportunidade onde outros podem enxergar somente desespero. Isso é o que forma a verdadeira liderança.

**Publicado originalmente em setembro de 2002.**

# 3

# Desenvolvendo a resiliência

*Martin E. P. Seligman*

DOUGLAS E WALTER, DOIS ESTUDANTES de mestrado em Administração da Universidade da Pensilvânia, foram demitidos de suas empresas em Wall Street. Ambos desmoronaram: ficaram tristes, apáticos, indecisos e ansiosos. Para Douglas, esse estado de espírito foi passageiro. Depois de duas semanas, ele disse para si mesmo: "O problema não é você; é a economia, que está passando por um mau momento. Sou bom no que faço e haverá mercado para as minhas habilidades." Douglas atualizou seu currículo e o enviou para uma dúzia de empresas de Nova York. Todas o rejeitaram. O passo seguinte foi tentar seis organizações na sua cidade natal, em Ohio, até finalmente conseguir um emprego. Já Walter mergulhou na desesperança: "Fui demitido porque não consigo ter um bom desempenho sob pressão", pensou ele. "Não fui feito para as finanças. A economia levará anos para se recuperar." O mercado melhorou, mas ele não procurou outro emprego e acabou voltando para a casa dos pais.

Douglas e Walter (na verdade, personas baseadas em entrevistados) se situam em extremidades opostas do continuum de reações ao fracasso.

Quem é como Douglas se recupera após um curto período difícil. Em um ano, evolui graças àquela experiência. Já quem é como Walter vai da tristeza para a depressão e depois para um medo paralisante do futuro. Contudo, o fracasso é uma parte quase inevitável do trabalho e, junto com o término de relacionamentos, um dos traumas mais comuns da vida. Pessoas como Walter quase certamente verão suas carreiras estacionarem, e empresas que contratam funcionários como ele estarão condenadas se passarem por tempos difíceis. São perfis como o de Douglas que ascendem ao topo e que as organizações devem recrutar e reter para alcançar o sucesso. Mas como você pode identificar um Walter e um Douglas? E Walters podem se tornar Douglas? A resiliência pode ser mensurada e ensinada?

Trinta anos de pesquisas científicas responderam a essas perguntas. Aprendemos não somente a distinguir aqueles que crescerão depois do fracasso e aqueles que entrarão em colapso, mas também a desenvolver as habilidades das pessoas no segundo grupo. Trabalhei com colegas do mundo inteiro para elaborar um programa que ensine a resiliência. Ele está sendo testado agora em uma organização de 1,1 milhão de pessoas na qual o trauma é mais comum e mais grave do que em qualquer estabelecimento corporativo: o Exército dos Estados Unidos. Seus membros podem enfrentar a depressão e o transtorno de estresse pós-traumático (TSPT), mas milhares deles também experimentam crescimento pós-traumático. Nosso objetivo é empregar o treinamento em resiliência para reduzir o número dos que têm depressão ou TSPT e aumentar o número daqueles que evoluem depois do trauma. Acreditamos que essa abordagem pode ensinar lições ao mundo dos negócios, particularmente em tempos de fracasso e estagnação. Trabalhando tanto com soldados individuais (funcionários) quanto com instrutores de recrutas (gestores), estamos ajudando a criar um exército de Douglas que podem transformar suas experiências mais difíceis em catalisadores para um melhor desempenho.

## Otimismo é o segredo

Embora hoje eu seja conhecido como o pai da psicologia positiva, cheguei aqui pelo caminho mais longo e difícil, após muitos anos de

> **Em resumo**
>
> O fracasso é um dos traumas mais comuns, mas as reações das pessoas a ele variam muito. Alguns se recuperam depois de um breve período difícil. Outros mergulham na depressão e em um medo paralisante do futuro.
>
> Trinta anos de pesquisas sugerem que a resiliência pode ser mensurada e ensinada – e o Exército dos Estados Unidos está testando isso no programa Aptidão Abrangente para Soldados (CSF, na sigla em inglês). O objetivo do CSF é permitir que a aptidão psicológica dos soldados seja tão boa quanto a física.
>
> Um componente crucial do programa é o "treinamento máster de resiliência" para instrutores de recrutas – os líderes devem aprender a abraçar a resiliência e depois passá-la adiante desenvolvendo força mental, força de caráter e relacionamentos potentes.

pesquisa sobre fracasso e desesperança. No fim da década de 1960, fiz parte da equipe que descobriu o "desamparo aprendido". Percebemos que cachorros, ratos, camundongos e até mesmo baratas que recebiam choques moderadamente dolorosos sobre os quais não tinham nenhum controle acabavam por aceitá-los, sem esboçar qualquer tentativa de escapar. Mais tarde foi demonstrado que seres humanos fazem a mesma coisa. Em um experimento publicado por mim e por Donald Hiroto em 1975 (e replicado muitas vezes desde então), os participantes são divididos aleatoriamente em três grupos. O primeiro é exposto a um ruído alto e irritante que pode ser interrompido se os participantes apertarem um botão. O segundo ouve o mesmo barulho, mas não consegue desligá-lo, mesmo se esforçando para isso. No terceiro, o grupo controle, não se ouve absolutamente nada. Depois – em geral no dia seguinte –, os grupos se deparam com uma situação inteiramente diferente que, mais uma vez, envolve ruído. Para interrompê-lo, basta esticar o braço. As pessoas do primeiro e do terceiro grupos descobrem isso prontamente e aprendem a evitar o barulho. Mas, como esperado, as do segundo não fazem nada, pois na primeira fase elas perceberam que não tinham controle sobre aquilo e se tornaram passivas. Na segunda fase, esperando mais fracasso, nem sequer tentaram. Elas aprenderam o desamparo.

Estranhamente, contudo, cerca de um terço dos animais e das pessoas que experimentam choques ou barulhos inescapáveis nunca perdem a esperança. O que eles têm que falta aos outros? Depois de mais de 15 anos de estudos, eu e meus colegas descobrimos que a resposta é o otimismo. Desenvolvemos questionários e analisamos o conteúdo de escrita e fala para avaliar o "estilo explanatório" como otimista ou pessimista. Descobrimos que pessoas que não desistem têm o hábito de interpretar adversidades como temporárias, locais e modificáveis ("Vai passar rápido. É só superar essa situação e posso fazer algo a respeito"). Isso nos deu pistas sobre como poderíamos imunizar as pessoas tanto contra o desamparo aprendido, a depressão e a ansiedade quanto contra a desistência que se segue ao fracasso: ensinando-as a pensar com otimismo. Criamos o Programa de Resiliência Penn, sob a direção de Karen Reivich e Jane Gillham, da Universidade da Pensilvânia, para jovens adultos e crianças. O programa foi replicado em 21 contextos escolares variados – de subúrbios a guetos, da Filadélfia a Pequim. Também estruturamos um módulo de 10 dias no qual professores aprendem técnicas para se tornar mais otimistas na vida pessoal e depois as ensinam aos alunos. Constatamos que essas técnicas reduzem a depressão e a ansiedade nas crianças sob os cuidados deles. (Também ensinamos psicologia positiva por meio do programa de pós-graduação em psicologia positiva aplicada, MAPP, na sigla em inglês, agora no seu sexto ano na Penn.)

Em novembro de 2008, quando o lendário coronel George W. Casey Jr., chefe do Estado-Maior e ex-comandante da força multinacional no Iraque, me perguntou o que a psicologia positiva revelava sobre os problemas dos soldados, dei uma resposta simples: a forma como os seres humanos reagem a adversidades extremas obedece a uma distribuição equilibrada. Em uma ponta estão as pessoas que desenvolvem TSPT, depressão e ideias suicidas. No meio está a maioria, que inicialmente reage com sintomas de depressão e ansiedade, mas, em cerca de um mês, costuma retornar ao ponto em que se encontrava antes do trauma, considerando critérios físicos e psicológicos. Isso é resiliência. Na outra ponta estão as pessoas que apresentam crescimento pós-traumático. Elas também passam primeiro pela etapa de depressão e ansiedade, e com frequência apresentam TSPT

## Quais são as suas forças?

O questionário de força de caráter Valores em Ação avalia 24 traços de personalidade positivos, entre eles curiosidade, criatividade, coragem, persistência, integridade, equidade, liderança e autorregulação. Os participantes classificam afirmações em uma escala que vai de "muito parecido comigo" a "nada parecido comigo" para determinar as áreas em que são fortes. Eis uma amostra:

- Acho o mundo um lugar muito interessante.
- Sempre identifico os motivos para as minhas ações.
- Nunca abandono uma tarefa pela metade.
- Ser capaz de ter ideias novas e diferentes é um dos meus pontos fortes.
- Resisti com frequência diante de forte oposição.
- Estou sempre disposto a correr riscos para estabelecer um relacionamento.
- Sempre admito quando estou errado.
- Em um grupo, tento fazer com que todos se sintam incluídos.
- Sempre vejo o lado bom das coisas.
- Quero participar plenamente da vida, e não somente observá-la de longe.

completo, mas, depois de um ano, em média, estão melhores do que antes do trauma. Essas são as pessoas sobre as quais Friedrich Nietzsche disse: "O que não nos mata nos fortalece."

Eu garanti ao general Casey que o Exército poderia incrementar o número de indivíduos caminhando para o crescimento. Isso ocorreria por meio do ensino de habilidades psicológicas capazes de deter a espiral descendente que com frequência se segue ao fracasso. Ele ordenou a mensuração da resiliência e o ensino da psicologia positiva para criar um exército que fosse apto tanto física quanto psicologicamente. Essa iniciativa de 145 milhões de dólares, sob a direção da brigadeiro-general Rhonda Cornum, chamou-se programa Aptidão Abrangente para Soldados (CSF, na sigla em inglês) e tem três componentes: um teste de boa forma mental, cursos de autoaprimoramento disponíveis depois do teste e "treinamento máster de resiliência" (MRT, na sigla em inglês) para instrutores de recrutas.

Baseiam-se em emoções positivas, engajamento, relacionamentos, significado e realização – PERMA, na sigla em inglês –, ou seja, os fundamentos da resiliência e do crescimento.

## Testando a saúde mental

Uma equipe liderada pelo professor Christopher Peterson, da Universidade de Michigan, autor do questionário de forças de caráter Valores em Ação, criou o Instrumento de Avaliação Global (GAT, na sigla em inglês). Trata-se de um questionário a ser preenchido em 20 minutos cujo foco são os pontos fortes. Foi projetado para medir quatro elementos: saúde emocional, familiar, social e espiritual, todas consideradas redutoras de depressão e ansiedade. Segundo pesquisas, elas são a chave para o modelo PERMA.

Embora as pontuações individuais sejam confidenciais, os resultados do GAT permitem que quem faz o teste escolha cursos básicos ou avançados apropriados para construir resiliência. O GAT também fornece um vocabulário comum para descrever os perfis dos soldados. Os dados gerados permitirão que o Exército avalie a saúde psicossocial tanto de unidades em particular quanto de uma organização inteira, destacando pontos positivos e negativos. Até este momento, mais de 900 mil soldados fizeram o teste. O Exército comparará perfis psicológicos com desempenho e resultados médicos ao longo do tempo, resultando em um banco de dados que oferecerá respostas a questões como "Quais forças específicas protegem contra TSPT, depressão, ansiedade e suicídio?", "Será que uma forte sensação de significado resultará em um desempenho melhor?", "Pessoas que pontuam alto em emoção positiva são promovidas mais rapidamente?", "Um líder otimista pode contagiar suas tropas com esse sentimento?", etc.

## Cursos on-line

O segundo componente do CSF são cursos on-line opcionais em cada uma das quatro forças e um curso obrigatório sobre crescimento pós-traumático. As implicações para gestores corporativos são mais óbvias em alguns módulos do que em outros, mas explicarei todos brevemente.

Criado por Barbara Fredrickson, professora de emoções e psicofisiologia na Universidade da Carolina do Norte, e sua colega Sara Algoe, o módulo de força emocional ensina os soldados a amplificar as emoções positivas e a reconhecer quando as negativas, como tristeza e raiva, não condizem com a realidade da ameaça que estão enfrentando.

Força familiar também afeta o desempenho no trabalho, e telefones celulares, e-mails, Facebook e Skype permitem que soldados em missão de combate ou expatriados permaneçam próximos de suas famílias. Um curso criado por John e Julie Gottman, eminentes psicólogos que pesquisam casamentos, se concentra em construir diversas habilidades de relacionamento, entre elas cultivar confiança, gerenciar conflitos de modo construtivo, criar significado compartilhado e se recuperar de uma traição.

Desenvolvido por John Cacioppo, professor de psicologia na Universidade de Chicago e especialista em pesquisas sobre solidão, o módulo de saúde social ensina empatia a soldados por meio de explicações sobre os neurônios-espelho. Quando você vê outra pessoa sentindo dor, sua atividade cerebral é parecida, mas não idêntica, com a que ocorre quando é você que sente dor. Esse módulo pede que os soldados pratiquem identificar emoções nos outros, com ênfase em diversidade racial e cultural. Esse é o elemento crucial para desenvolver inteligência emocional, uma vez que a diversidade no Exército é um estilo de vida, não somente um slogan político.

Criado por Kenneth Pargament, professor de psicologia na Universidade Estadual de Bowling Green, e pelo coronel Patrick Sweeney, professor de ciências comportamentais e liderança em West Point, o módulo de saúde espiritual conduz os soldados pelo processo de construir um "âmago espiritual" com autoconsciência, capacidade de ação, de autorregulação e de automotivação, além de consciência social. No CSF, "espiritual" não se refere a religião, mas a pertencer e a servir a algo maior do que a si mesmo.

O módulo obrigatório, sobre crescimento pós-traumático, é altamente relevante para executivos de negócios que estão enfrentando o fracasso. Criado por Richard Tedeschi, professor de psicologia na Universidade da Carolina do Norte, em Charlotte, e pelo psicólogo Richard McNally, da Universidade Harvard, o módulo começa com a antiga sabedoria de que transformação pessoal decorre dos seguintes fatores: apreciação renovada pelo fato de estarmos vivos; aumento da nossa força pessoal; ações diante de novas possibilidades; melhoria nos relacionamentos; aprofundamento espiritual. O módulo ensina, de maneira interativa, os cinco elementos que sabidamente contribuem para o crescimento pós-traumático:

1. Compreender a reação ao trauma (leia-se "fracasso"), o que inclui crenças fragmentadas sobre si mesmo, sobre os outros e sobre o futuro. Essa é uma reação normal, não um sintoma de TSPT ou um defeito de caráter.
2. Reduzir a ansiedade por meio de técnicas para controlar pensamentos e imagens intrusivas.
3. Engajar-se em autocompartilhamento construtivo. Ocultar o trauma pode levar a uma piora de sintomas físicos e psicológicos, por isso os soldados são estimulados a contar suas histórias.
4. Criar uma narrativa na qual o trauma é visto como uma bifurcação na estrada que amplia a apreciação de paradoxos – perda e ganho, pesar e gratidão, vulnerabilidade e força. Um gestor pode comparar isso ao que Warren Bennis chamava de "calvários da liderança". A narrativa especifica quais forças pessoais foram invocadas, como alguns relacionamentos melhoraram, como a vida espiritual se fortaleceu, como a própria vida foi mais valorizada ou quais novas portas se abriram.
5. Articular princípios de vida. Isso engloba buscar novas maneiras de ser altruísta, forjando uma nova identidade, e levar a sério a história do herói grego que retorna de Hades para revelar ao mundo uma verdade importante sobre como viver.

## Treinamento máster de resiliência

O terceiro e mais importante componente de CSF é o treinamento máster de resiliência para instrutores de recrutas e outros líderes, oferecido pela Universidade da Pensilvânia, pela Universidade Victory em Memphis, Tennesee, em Fort Jackson, Carolina do Sul, e por equipes móveis trabalhando com tropas na Alemanha e na Coreia do Sul. O MRT pode ser visto como um treinamento de gestão que ensina líderes a abraçar a resiliência e, depois, a transmitir o conhecimento. O conteúdo é dividido em três partes: força mental, forças de caráter e relacionamentos fortes. Todas seguem o padrão do Programa de Resiliência Penn e valem-se de palestras e sessões de apoio que incluem dramatizações, folhas de exercícios e discussões em pequenos grupos.

**Desenvolvendo a força mental**

Esse segmento do MRT evoca o curso on-line de saúde emocional individual para soldados. Começa como o modelo ABCD, de Albert Ellis: C (consequências emocionais) não surgem diretamente de A (adversidades), e sim de B (crenças de um indivíduo em relação a adversidades, *beliefs*, em inglês). Os sargentos trabalham em uma série de As (desistir de uma corrida de 5 quilômetros, por exemplo) e aprendem a separar Bs, que são os pensamentos sobre a situação no calor do momento ("sou um fracasso"), de Cs, as emoções geradas por esses pensamentos (ficar chateado pelo restante do dia e, consequentemente, ter um desempenho ruim no treinamento seguinte). Depois, eles aprendem o D – como debelar de forma rápida e eficaz crenças irrealistas sobre adversidades.

No passo seguinte, nos concentramos em armadilhas do pensamento, tais como generalizar demais ou julgar o valor ou a capacidade de uma pessoa se baseando em uma única ação. A situação é ilustrada assim: "Um soldado do seu batalhão se esforça para acompanhar o treinamento físico e passa o restante do dia se arrastando. O uniforme dele está todo amassado, e ele comete alguns erros nos exercícios de artilharia. Pode ser natural pensar que ele carece do que é necessário para ser um soldado. Mas que efeito isso tem tanto em quem faz esse julgamento quanto no próprio soldado?" Também discutimos "icebergs" – crenças profundamente arraigadas, como "pedir ajuda é sinal de fraqueza" – e ensinamos uma técnica para identificar e eliminar aqueles que desencadeiam reações emocionais desequilibradas: aquele iceberg ainda é relevante? É necessário para a situação em análise? É rígido demais? É útil?

Por fim, buscamos minimizar pensamentos catastróficos considerando os piores resultados imagináveis, os melhores possíveis e os mais prováveis. Por exemplo, um sargento recebe uma avaliação de desempenho negativa de seu oficial comandante. Ele pensa: "Não serei recomendado para promoção, acho que não fui feito para o Exército." Esse é o pior resultado possível. Colocando em perspectiva, qual é o melhor resultado? "O relatório negativo foi um engano." E qual é o resultado mais provável? "Receberei um plano de ação para melhorar minha conduta e vou segui-lo. Ficarei frustrado, e meu líder do esquadrão vai se decepcionar comigo."

### Desenvolvendo forças individuais

A segunda parte do treinamento começa com um teste parecido com o questionário Valores em Ação de GAT-Peterson, que é respondido on-line e produz uma lista ranqueada das 24 maiores forças de caráter de uma pessoa (veja o quadro "Quais são as suas forças?"). Pequenos grupos discutem as seguintes questões: o que você aprendeu sobre si mesmo a partir do questionário? Quais forças você desenvolveu por meio do serviço militar? Como suas forças contribuem para que você complete uma missão e atinja seus objetivos? Qual é o lado sombrio das suas forças e como você pode minimizá-lo? Depois, os sargentos são divididos em grupos e instruídos a realizar uma missão usando os perfis de forças de caráter dos membros da equipe. Por fim, os sargentos escrevem as próprias histórias de como suas próprias forças foram desafiadas. Um deles descreveu como usou suas forças de amor, sabedoria e gratidão para ajudar um soldado que estava se comportando mal e incitando conflitos. O sargento descobriu que o soldado vivia brigando com a esposa e a raiva transbordava para sua unidade. Então, usou sua sabedoria para ajudar o soldado a compreender a perspectiva da esposa e trabalhou com ele para escrever uma carta na qual ele falava da gratidão que sentia por ela. Afinal, a esposa tinha enfrentado sozinha muitas dificuldades durante a ausência dele.

### Construindo relações fortes

A terceira parte do MRT se concentra em ferramentas práticas para comunicação positiva. O trabalho de Shelly Gable, professora de psicologia na Universidade da Califórnia em Santa Bárbara, nos inspirou. Ela mostra que, quando um indivíduo reage ativa e construtivamente (ao contrário de passiva e destrutivamente) a alguém que está compartilhando uma experiência positiva, o amor e a amizade aumentam (veja o quadro "Quatro maneiras de reagir"). Os sargentos preenchem uma folha de exercícios sobre

## Quatro maneiras de reagir

No treinamento máster de resiliência, explicamos e demonstramos os quatro estilos de reagir: *ativo construtivo* (oferecer apoio autêntico e entusiasmado), *passivo construtivo* (oferecer apoio lacônico), *passivo destrutivo* (ignorar o evento) e *ativo destrutivo* (destacar aspectos negativos do evento).
Exemplo: o cabo Johnson diz ao cabo Gonzales: "Ei, acabo de ser promovido!"

**Ativo construtivo**
"Que ótimo. Quais são suas novas obrigações? Quando você começa? O capitão explicou por que você mereceu a promoção?"

**Passivo construtivo**
"Legal."

**Passivo destrutivo**
"Recebi um e-mail engraçado do meu filho. Escute só..."

**Ativo destrutivo**
"Você sabe que não há aumento e que as novas funções tomarão muito do seu tempo de descanso e lazer."

---

como reagiriam de modo geral e identificam fatores que podem atrapalhar reações ativas e construtivas (como estar cansado ou preocupado demais consigo mesmo). Depois, ensinamos sobre elogios eficazes a partir do trabalho de Carol Dweck, professora de psicologia da Universidade Stanford. Quando, por exemplo, um sargento menciona algo específico (em vez de algo genérico como "Bom trabalho!"), os soldados percebem que seu líder está prestando atenção e que o elogio é autêntico. Também ensinamos comunicação assertiva, distinguindo-a de comunicação passiva ou agressiva. Quais são as palavras, o tom de voz, a linguagem corporal e o ritmo de cada um dos três estilos? E quais mensagens eles transmitem?

Aumentar a força mental, destacando e aguçando as demais forças e cultivando relacionamentos fortes são competências fundamentais para qualquer gestor bem-sucedido. Com frequência, programas de desenvolvimento de liderança abordam essas habilidades, mas o programa MRT as reúne de maneira sistemática para assegurar que até mesmo diante de fracassos terríveis – aqueles que custam vidas – sargentos do Exército saibam como ajudar homens e mulheres sob seu comando, de tal modo que evoluam em vez de afundar. Gestores podem mudar a cultura de suas organizações para que elas se concentrem no positivo em vez de no negativo. Dessa forma, serão capazes de transformar Walters pessimistas e sem esperança em Douglas otimistas e esperançosos. Ficamos apreensivos imaginando que aqueles soldados durões talvez achassem que o treinamento de resiliência era "sentimental" ou "papo furado de psicólogo". Eles não pensaram isso. Na verdade, deram ao curso uma nota média de 4,9, quando a pontuação máxima era 5,0. Dizem que é o melhor curso que já fizeram no Exército.

Nós acreditamos que o MRT construirá um Exército melhor. Nossa hipótese está sendo testada em um estudo de grande escala sob o comando da tenente-coronel Sharon McBride e do capitão Paul Lester. À medida que o programa avança, eles estão comparando o desempenho de soldados que aprenderam resiliência com seus sargentos e o de soldados que não aprenderam. Ao final, saberemos de modo conclusivo se o treinamento de resiliência e a psicologia positiva podem melhorar a eficiência de adultos em grandes organizações, da mesma forma que fizeram com os jovens nas escolas.

Publicado originalmente em abril de 2011.

# 4

# Saúde cognitiva

*Roderick Gilkey e Clint Kilts*

**WINSTON CHURCHILL ERA SINCERO** quanto aos seus rituais sagrados de fumar charutos e beber álcool antes, durante e depois das refeições, assim como nos intervalos. Mas o primeiro-ministro inglês mantinha a mente excepcionalmente ativa. Como os historiadores bem observaram, Churchill viveu até os 90 anos, o que diz muito sobre as informações que temos hoje a respeito de como o cérebro pode afetar o corpo.

Poucos executivos estariam dispostos a seguir o exemplo de Churchill e cuidar tão mal da saúde física. Conforme a expectativa de vida aumenta, as pessoas tentam cada vez mais assegurar que suas vidas sejam longas e saudáveis. A Associação Americana de Cardiologia recomenda 30 minutos de exercício moderado cinco vezes por semana. Não surpreende que a maioria das grandes organizações inclua planos para atividade física entre seus benefícios. Muitas oferecem academia na própria sede. Se tiver que viajar, é quase certo que haverá uma academia no seu hotel. Talvez haja fila para usar os equipamentos.

No entanto, até pouco tempo atrás, parecia não haver recomendações de esforços ativos para permanecer *mentalmente* saudável. Não existiam exercícios para o cérebro – nenhuma flexão mental – capaz de ajudar a evitar a perda de memória e da acuidade analítica que chega com a idade. No pior cenário, você poderia desenvolver Alzheimer, para o qual não há tratamentos comprovados.

Para aumentar a conscientização sobre a necessidade de pesquisas em neurociência, a Casa Branca proclamou que os anos 1990 seriam "a década do cérebro". Grandes investimentos por parte do Instituto Nacional de Saúde, do Instituto Nacional de Saúde Mental e da Biblioteca do Congresso geraram uma ampla frente de estudos e treinamento que colocou em xeque algumas crenças arraigadas em relação ao cérebro. Uma delas é a de que esse órgão necessariamente diminui com a idade. Os neurônios, as células básicas que permitem a transferência de informações para sustentar o poder de processamento cerebral, *não* precisam morrer à medida que envelhecemos. Na verdade, várias regiões do cérebro fundamentais para funções como comportamento motor e memória podem ganhar mais neurônios. Para a neurociência tradicional, esse processo, chamado neurogênese, costumava ser impensável.

O que tudo isso tem a ver com você? A neurogênese é bastante afetada pelo estilo de vida. A anatomia, as redes neurais e as capacidades cognitivas cerebrais podem ser fortalecidas e aprimoradas por meio das suas experiências e interações com o ambiente. A saúde do cérebro não é produto de vivências positivas e negativas durante a infância nem de herança genética, e sim reflete suas escolhas e suas experiências. Essa é uma notícia extremamente boa. Sigmund Freud e seus seguidores, tanto nas neurociências quanto na tradição psicanalítica, acreditaram durante anos que o desenvolvimento cerebral cessava na infância ou no começo da adolescência. Embora esses períodos da vida realmente detenham o maior potencial para desenvolvimento neuronal, sabemos agora que é possível reter, e até gerar, capacidade mental conforme envelhecemos.

Estudos de imagem do cérebro indicam, por exemplo, que o conhecimento adquirido em áreas tão variadas quanto tocar violoncelo, fazer malabarismo, falar uma língua estrangeira e dirigir um táxi expande e melhora a comunicação entre os sistemas neurais nas regiões responsáveis pelo controle motor e pela navegação espacial. Em outras palavras, mudanças físicas ocorrem no cérebro se você aprende novas habilidades. Exercitando a vontade consciente, é possível até mudar seu funcionamento. Em um experimento recente que utilizou imagens cerebrais em tempo real, cientistas demonstraram que indivíduos aprendiam a mitigar a sensação de dor controlando conscientemente a atividade observável do córtex cingulado anterior rostral, uma área envolvida no processamento da dor. Em teoria, portanto, as pessoas podem aliviar a dor por meio de neurofeedback, sem medicamentos.

Tais avanços na neurociência sugerem que o cérebro pode ser tão competente aos 65 anos quanto aos 25. Não há motivos para que não seja. Isso não teria sido novidade para pensadores como Sócrates, Copérnico e Galileu, que, na casa dos 60 e 70 anos, estavam no auge das suas capacidades mentais, tampouco teria surpreendido personalidades como Alan Greenspan, Warren Buffett e Sumner Redstone. Estes e outros ícones do mundo dos negócios compreenderam intuitivamente que o cérebro alerta é o resultado do que denominamos saúde cognitiva: capacidade otimizada de raciocinar, lembrar, aprender, planejar e adaptar que é ampliada por certas atitudes, estilos de vida e exercícios. Desse ponto de vista, quanto mais saudável você for, melhor será sua capacidade de tomar decisões, solucionar problemas e lidar com estresse e mudanças. A saúde cognitiva permitirá que você se abra a novas ideias e perspectivas alternativas e lhe dará a capacidade de mudar seus comportamentos e prever resultados para realizar os seus objetivos. Ainda mais importante: você poderá adiar a senilidade por anos e até desfrutar de uma segunda carreira.

Mas como é possível se tornar cognitivamente saudável? Baseando-nos seletivamente no corpo de estudos em neurociência em rápida expansão, assim como em pesquisas bem estabelecidas em psicologia e outros campos da saúde mental, identificamos quatro passos. Mesmo incompletos, eles se entrelaçam e reforçam uns aos outros. Juntos capturam, acreditamos, algumas das oportunidades cruciais para manter um cérebro engajado e criativo.

## Passo 1: Compreender como a experiência faz o cérebro crescer

Há muito tempo os psicólogos se debruçam sobre a relação entre saúde cognitiva e experiências. Já na metade do século XX, eles perceberam que experiências ricas ajudavam crianças a interagir com o ambiente. Também já sabemos que a experiência tem um impacto fisiológico no cérebro. No fim do século XVIII, o anatomista italiano Vincenzo Malacarne conduziu uma famosa série de experimentos controlados em cães e pássaros. Ele trabalhou com filhotes aos pares, oferecendo atenção e treinamentos extensos para um animal de cada par, e bons cuidados, mas nenhum treinamento, para o outro. As autópsias subsequentes revelaram que os animais treinados tinham o cérebro mais complexo do ponto de vista anatômico, com mais circunvoluções e fissuras. Esta pesquisa foi a primeira a identificar o impacto da experiência e do aprendizado na estrutura cerebral. Uma pessoa que toca violoncelo desde muito jovem apresenta expansão maior na área motora correspondente a essa habilidade do que alguém que não domina o instrumento.

Embora a comunidade neurocientífica já tenha conhecimento do impacto biológico da expansão das experiências, só recentemente deciframos como o cérebro de fato processa a experiência para codificar o aprendizado e construir a capacidade de desempenho. A descoberta de sistemas neurais exclusivos que representam objetos, pessoas e ações fornece uma nova explicação sobre o mecanismo envolvido. Os chamados neurônios-espelho que constituem tais sistemas ajudam na velocidade e na precisão da nossa percepção simulando mentalmente objetos e ações no nosso ambiente. Saber que esses neurônios nos permitem espelhar internamente o mundo exterior é um salto quântico na nossa compreensão de como os humanos entendem e dominam seu ambiente. A experiência empírica é capaz de ativar esses neurônios amplificadores de desempenho e, portanto, acelerar o aprendizado e a capacidade de aprender.

Os cientistas já presumiam que pessoas adquirem novas habilidades por meio da prática – ou seja, pela experiência direta –, mas a existência de neurônios-espelho significa que também é possível dominar habilidades pela observação e pela exposição indireta. Pense nisto por um momento: quando um jogador de golfe profissional demonstra a postura e as tacadas corretas para que você o imite, neurônios-espelho são ativados, capacitando você a aprender a partir da experiência dele ao fornecer a imagem mental das ações adequadas. E não somente habilidades físicas podem ser aprendidas desta maneira. Da mesma forma, suas cognições sociais são auxiliadas por neurônios especializados que refletem expressões faciais, gestos e outros sinais e desenvolvem sua capacidade de interpretar as ações e as expressões de outras pessoas equiparando-as a representações internas que você adquiriu.

Isso sugere que imagens mentais – como recriar a tacada do jogador de golfe profissional – são um modo válido de aprender e adquirir novas competências. Esportistas com frequência atribuem seu desempenho excepcional à capacidade de "ver" a bola e seu trajeto antes de rebatê-la ou pegá-la. A habilidade cerebral para aprender dessa maneira gera um argumento biológico em defesa do uso de simulações e de estudos de caso como ferramentas para desenvolver lideranças. Tais abordagens não somente prometem modos eficazes de aprender, como também são potencialmente muito eficientes. É concebível que você possa colher os benefícios cerebrais da experiência direta de outras pessoas por meio da exposição de curta duração a estímulos. Experiências simuladas podem estabelecer a prontidão dos neurônios para experiências reais.

A experiência direta continua sendo o elemento-chave do desenvolvimento cerebral de um indivíduo – porém, compreendemos cada vez mais como preparar o caminho para que ela ocorra. Uma das ferramentas mais poderosas para fortalecer o cérebro do executivo é caminhar pelo local de trabalho. Nos negócios, isso é conhecido como *management by walking around*, ou gestão por caminhada, ou seja, a estratégia de sair do seu escritório e conversar com os funcionários. Não se trata apenas de boa prática de negócios; é também uma forma saudável de exercício cognitivo.

A "gestão por caminhada" homenageia um rito de passagem australiano no qual adolescentes aborígenes realizam uma longa e desafiadora jornada física, às vezes de muitos meses, em busca de maturidade e autodefinição psicológica e espiritual. O momento é ideal, pois é durante a adolescência que o cérebro estabelece e integra as redes neurais do córtex pré-frontal que codificam a percepção de identidade, assim como de conduta moral e social. Este processo culmina no fim da adolescência, quando os neurônios estão totalmente mielinizados (revestidos por uma camada de isolamento) e interconectados em redes que ajudam o cérebro maduro a operar de maneira eficiente e organizada. A caminhada não é, obviamente, o único rito de passagem – é notável que muitos rituais parecidos de diferentes culturas ocorram no mesmo estágio de vida. Há um entendimento em geral aceito de que adolescentes precisam de tais experiências "extremas" para consolidar suas histórias pessoais e seu desenvolvimento físico em uma identidade viável e mais avançada.

De modo abrangente, esse tipo de jornada também pode exercer forte influência na carreira de um executivo, em especial se o momento for correto. Warren Buffett é um líder que compreende isso. Quando Anne Mulcahy pediu-lhe conselhos sobre como ajudar a Xerox a se reerguer de uma grave crise financeira, ele sugeriu que a CEO caminhasse pela empresa. Ela deveria descobrir o que seus funcionários e clientes estavam pensando e se preocupar menos com o que os analistas financeiros e os acionistas diziam. Fazia todo sentido que no início do seu mandato Anne Mulcahy adquirisse uma compreensão mais profunda sobre as pessoas que iria liderar, porque as redes neuronais que capacitariam sua tomada de decisões como líder ainda não estariam plenamente formadas. Se ela tivesse permanecido isolada no escritório, aquelas redes certamente seriam diferentes.

### Passo 2: Trabalhe duro ao brincar

Outra maneira eficaz de desenvolver a saúde cognitiva é se envolver no sério negócio de brincar. Como o filósofo Henri Bergson escreveu: "Existir é mudar, mudar é amadurecer, amadurecer é seguir criando a si próprio infinitamente." Alcançar excelência nisso exige se inspirar em um dos grandes legados da infância: nossa capacidade de brincar, que está no âmago da capacidade de imaginar e inventar.

A origem da palavra "brincar" (*play*, em inglês) é reveladora: deriva do vocábulo "plegian", do inglês arcaico, que significa "exercitar-se". Como verbo, "brincar" é com frequência definido em termos de atividade imaginativa em grupo ou individual que proporciona descoberta e aprendizado ou em termos de atividade social que promove o que o psicólogo Daniel Goleman chamaria de inteligência emocional e social. Como substantivo, refere-se a atividades feitas por prazer ou recreação. Nos dois sentidos, está intimamente ligado ao prazer e fortemente associado aos sistemas de recompensa do cérebro. As pesquisas neurocientíficas de Jaak Panksepp com mamíferos identificaram a brincadeira como motivador humano primário e fonte de alegria do cérebro. Está relacionada à liberação de um composto neuroquímico específico que modula a expressão genética e é crucial para o desenvolvimento do cérebro social da criança. A alegria proporciona o que tem sido descrito como "combustível emocional", aquilo que ajuda o cérebro a se desenvolver e a expandir suas redes sinápticas. No começo da vida, esse composto neuroquímico aparece nas regiões subcorticais inferiores. Mais tarde, segundo Panksepp e seus colegas, contribui para o crescimento e o desenvolvimento de funções cerebrais superiores associadas ao córtex frontal. Portanto, brincadeira não é somente um precursor de maturidade social e emocional na vida adulta: é também um precursor fisiológico.

À medida que desenvolve suas atividades profissionais, é crucial se lembrar de brincar. Na vida adulta, a brincadeira envolve a região do córtex pré-frontal (nossas áreas cerebrais mais evoluídas e mais recentemente adquiridas), alimentando as funções cognitivas de nível mais elevado – aquelas relacionadas ao processamento de incentivos e recompensas, à representação de objetivos e habilidades, a imagens mentais, ao autoconhecimento e à memória, para citar apenas algumas. Brincar, portanto, aumenta a capacidade de raciocinar e compreender o mundo. Nossos pensadores e líderes mais brilhantes sabem disso. Albert Einstein, por exemplo, viu sua capacidade de captar insights profundos sobre a natureza do universo se expandir como resultado de um jogo combinatório. Quando pediram que descrevesse sua experiência no desenvolvimento da teoria da relatividade, ele observou que ela começou como uma "sensação física" que depois se tornou um conjunto de imagens visuais e, finalmente, emergiu como uma fórmula que ele podia descrever em palavras e símbolos. Isso soa menos como o processo de raciocínio analítico de um adulto do que como a criação de um mundo de fantasia por uma criança, no qual personagens ganham vida por magia. Sem dúvida, é por isso que Einstein concluiu que a "imaginação é mais importante do que o conhecimento".

Brincar é uma ferramenta que devemos usar conscientemente conforme as demandas que recaem sobre nós exigem níveis cada vez mais elevados de controle emocional. No entanto, à medida que envelhecemos, infelizmente tendemos a brincar com menos frequência. Eis como Daniel Goleman descreve o processo: "Conforme a criança amadurece, os circuitos de controle emocional suprimirão lentamente o impulso efervescente de rir e brincar.

Com o desenvolvimento dos circuitos regulatórios do córtex pré-frontal no fim da infância e no começo da adolescência, as crianças se tornam mais capazes de atender às demandas sociais para que se 'tornem sérias'." A consequência é que brincar fica relegado ao reino da memória e suas capacidades revigorantes encolhem.

Algumas organizações se empenham em permitir que a experiência e as brincadeiras influenciem o desempenho de seus funcionários. Várias empresas do Vale do Silício, como o Google e a Apple, oferecem ambientes que estimulam algum tipo de brincadeira, com espaços para jogos e áreas de bate-papo. Como seus líderes perceberam, um ambiente lúdico pode ser uma ferramenta poderosa para que as pessoas desenvolvam a criatividade e a saúde cognitiva. Em contraste, em organizações que reprimem esse tipo de atividade, o poder cerebral pode se reduzir da mesma maneira que em crianças com síndrome do atraso do crescimento, condição provocada por ambientes abusivos ou pobres em novas experiências. Um dos exemplos mais célebres é a ITT (particularmente sob o comando do ex-CEO Harold Geneen), que certa vez foi descrita no *The Wall Street Journal* como "uma empresa que o decepcionará continuamente, por mais baixas que sejam suas expectativas".

Um grande desafio em encontrar o ambiente certo para o cérebro prosperar é atingir um equilíbrio entre risco e segurança. Você deve ter algo a perder no jogo para se envolver realmente nele; o risco alerta o cérebro e ativa capacidades, tanto para o raciocínio quanto para a imaginação. Se não abrir espaço para algum risco na sua carreira, você pode se transformar em uma criança superprotegida que deixa de explorar o mundo com autonomia e, assim, nunca atinge o seu potencial. Mas ter demais a perder no jogo gera estresse, o que ativa a amígdala e outras áreas límbicas que constituem o sistema de segurança do cérebro. Quando o sistema límbico é ativado, o cérebro recorre a comportamentos instintivos e pré-programados de sobrevivência em vez de se engajar em outros de ordem mais elevada, os quais são aprendidos. Em situações extremas, o estresse pode disparar transtornos de ansiedade e comportamentos caóticos. Quanto mais situações desse tipo, maiores os riscos de isso acontecer – afinal, pessoas ambiciosas não gostam de fracassar ou de parecer tolas aos olhos das outras. Como afirmou o cientista social Chris Argyris (um dos pais da teoria de aprendizado organizacional), pessoas inteligentes têm dificuldade em aprender, pois isso envolve muitos tropeços e erros. Brincar é coisa séria.

## Passo 3: Buscar padrões

Como a maioria sabe, o cérebro é formado por dois hemisférios com funções interconectadas, mas muito diferentes. A tecnologia e a neurociência nos proporcionaram uma visão mais completa dos papéis especializados dos hemisférios esquerdo e direito. O esquerdo é a fonte primária de informação neuronal para tarefas rotineiras. O direito lida com novidades, incluindo experiências e dados menos lineares e menos estruturados. É a parte mais "poética do cérebro"; opera de maneiras metafóricas e criativas, a partir de imagens. Nesta seção, vamos nos concentrar no que os líderes podem fazer para melhorar as funções do hemisfério esquerdo, normalmente descrito como resultado de determinação genética.

Chega a ser irônico que muitos exercícios de saúde cognitiva dirigidos a pessoas que trabalham no mundo dos negócios se concentrem em estimular o hemisfério direito – o lado criativo, brincalhão. Em parte, a culpa é do clássico estereótipo de que homens de negócios são pessoas enfadonhas que vivem de terno cinza e precisam relaxar. Também é verdade que, nos últimos anos, a criatividade passou a ser vista como a panaceia para os males corporativos. Embora seja importante estimular o pensamento criativo e divergente, é possível obter o mesmo benefício, e talvez mais, estimulando as redes neuronais analíticas que costumam ser consideradas parte do hemisfério esquerdo. Essas redes compreendem os procedimentos operacionais padrão que você usa no decorrer de um dia específico – um vasto repositório ou biblioteca cognitiva automaticamente ativada para lidar com tarefas e desafios familiares.

Por que o lado esquerdo é tão importante? Investigações recentes de neuroimagem identificaram um dos motores por trás do desempenho do hemisfério esquerdo: constelações de neurônios que neurocientistas como Elkhonon Goldberg chamam de atratores, responsáveis por funções executivas críticas no cérebro. Embora não estejam localizados apenas no lado esquerdo, esses atratores apoiam de modo especial o papel desempenhado por este hemisfério. Eles são organizados para orquestrar pensamento e ação com eficiência e eficácia. Juntos, formam a base do que o ganhador do Nobel Herbert Simon chamou de reconhecimento de padrões, considerada por ele a ferramenta cognitiva mais poderosa que temos. Reconhecimento de padrões é a capacidade do cérebro de examinar o ambiente, discernir ordem e criar significado a partir de quantidades gigantescas de dados e, com isso, avaliar rapidamente um cenário para que a ação apropriada possa ser tomada de imediato e com alto grau de precisão. É uma reação em cadeia que utiliza as capacidades de abstração e reflexão de nível mais elevado, armazenadas nos repositórios mais profundos da experiência. O poder de reconhecer padrões, uma competência crucial do cérebro executivo, se revela na capacidade de simplificar sem ser simplista. Para executivos tentando compreender um ambiente de negócios que muda depressa, reconhecer padrões com excelência talvez seja a maior vantagem competitiva a ser desenvolvida.

Há muito a fazer para desenvolver as capacidades do hemisfério esquerdo. Antes de mais nada, desafie seu mindset, amplie-o e torne-o mais complexo. Acolha pontos de vistas diversos, leia artigos e livros diferentes dos habituais e visite lugares tendo em mente objetivos de aprendizado muito focados. Todas essas experiências – sobretudo as relacionadas com a sua organização ou o seu emprego – expandirão seu vocabulário, seu repertório conceitual e sua perspectiva geral. Farão você questionar seu mindset e melhorarão sua capacidade de reconhecer padrões.

A Hitachi Data Systems é um bom exemplo do tipo de empreitada a que nos referimos. Trabalhando com a BrightHouse, uma consultoria com sede em Atlanta, os executivos da Hitachi foram convidados para uma sessão de estratégia de ideação com um renomado professor que os ajudaria a refletir sobre o reposicionamento de seu negócio. Como resultado do que aprenderam, alguns vêm se empenhando em criar em suas empresas espaços que evocam a ágora grega, um mercado aberto para o intercâmbio de ideias e de conhecimento. O professor não disse a Hitachi o que fazer. Foram os líderes da Hitachi que mesclaram o que o professor tinha a dizer sobre a Grécia antiga e seu conhecimento da empresa para criar uma maneira potencialmente melhor de compartilhar informações.

É muito importante que essas atividades ocorram com frequência. Os líderes devem se comprometer de maneira regular e contínua, estimulando novos sistemas e modos de pensar. O fundamental é se expor a uma variedade de casos e situações que, cumulativamente, codificam ricas experiências no cérebro.

Assim como você precisará variar suas próprias experiências para maximizar sua saúde cognitiva, vale assegurar que isso também aconteça com os membros de seu time de gerência. Evite se cercar de pessoas que trilharam o mesmo caminho. Esse conselho pode parecer óbvio, mas sugerimos que você observe com frieza e atenção os executivos que assumiram posições de destaque na sua organização. Quantos fizeram o mesmo percurso? De certa forma, é natural que seja assim, pois quem quer avançar na carreira tende a se espelhar no desempenho dos mais bem-sucedidos, da mesma forma que quem está no topo tende a simpatizar com subordinados com experiências parecidas com as suas. A biologia evolucionária poderia oferecer múltiplas explicações para o valor desses comportamentos para a sobrevivência. No entanto, se você se preocupa com a saúde cognitiva da sua empresa e, em particular, com a capacidade da sua equipe de detectar padrões, então precisa resistir à inclinação a escolher somente um tipo de líder. Programas de seleção e de sucessão que filtram a partir da mesma bolha de executivos promovem uma agregação de modelos cognitivos baseados em experiências compartilhadas e reconhecimento de padrões comuns. Quando uma perspectiva se torna codificada, as pessoas param de procurar novos padrões e a sua companhia sacrifica parte da sua saúde cognitiva – e da sua competitividade.

## Passo 4: Buscar novidade e inovação

Analisamos o papel do hemisfério esquerdo na boa saúde cognitiva; agora, vamos nos voltar para a contribuição do direito. A importância de expandir a capacidade do cérebro de lidar com novidades, algo tipicamente associado ao funcionamento do hemisfério direito, torna-se óbvia quando consideramos que esse hemisfério se deteriora mais rápido com a idade do que o esquerdo.

O hemisfério direito já foi descrito por alguns neurocientistas como "inferior" em termos de funções cognitivas, pois é o lado esquerdo que governa nossas capacidades de linguagem e de lógica básica ou linear. Durante

## Exercitando o cérebro: um programa pessoal

Como o cérebro é um sistema interativo, qualquer atividade que estimule parte dele pode facilmente estimular outras. Portanto, nossas categorias de saúde cognitiva precisam ser compreendidas como aproximações – como é o caso de atividades concentradas em hemisférios. Embora alguns estímulos possam, inicialmente, gerar mais ativações no hemisfério direito, por exemplo, no fim das contas os dois lados acabarão envolvidos no processo de dominar novos desafios. Embora haja muito a aprender sobre as complexidades da amplificação cognitiva, acreditamos que os seguintes exercícios sejam uma boa seleção.

### Gerencie caminhando
Saia de sua sala e passeie pelo refeitório da empresa, pelo chão de fábrica ou pelas áreas de carga e descarga. Explorar territórios pouco familiares é bom para ampliar sua perspectiva. O próprio ato de caminhar revigora o cérebro. É por isso que, quando você sofre um bloqueio mental ao tentar resolver algum problema, pode ser útil se levantar e mudar de ambiente.

### Leia livros engraçados
O humor oferece insights e melhora a saúde, fortalecendo até mesmo o sistema imunológico.

### Explore jogos
Atividades como bridge, xadrez, sudoku e palavras cruzadas proporcionam bons exercícios mentais. Há ainda mais possibilidades on-line, com a popularidade crescente de jogos do gênero RPG. Experimente aquelas que desafiam o hemisfério esquerdo, como a sinuca.

### Atue
Atuar é descobrir – e por meio do improviso você descobre que seu ator interior pode experimentar muitos papéis. (Muitos comediantes hoje conhecidos começaram suas carreiras como contabilistas.) Você ficará surpreso ao perceber como atuar expande seu repertório comportamental – seu cérebro tem um imenso potencial armazenado para amplificar sua personalidade e suas capacidades de liderança. Você pode até experimentar em reuniões. Interagir com colegas de maneiras diversas, por exemplo, aumenta a saúde cognitiva.

### Descubra o que você não está aprendendo
Se você é como a maioria dos executivos, tende a fazer perguntas muito parecidas na sua vida profissional e pessoal. Portanto, escute a si mesmo e descubra o que você *não* está procurando. Perguntar a opinião de uma subordinada jovem e promissora é uma ótima forma de começar. Ou diversifique sua lista de leitura. Se você gosta de história e biografias, experimente um livro de ficção. Se for fã de suspense, leia obras de ciências.

### Obtenha o máximo de viagens de negócios
Viajar oferece excelentes oportunidades para arejar o cérebro. Mesmo que a agenda esteja cheia, visite um museu, leia um romance cuja história se passe na cidade que você estiver visitando e dedique algum tempo a conversar com os moradores. Essas atividades não somente aumentam seu QI cultural, como também são uma boa forma de exercício cognitivo.

### Tome notas – e depois as leia
Um dos maiores empreendedores do mundo, Richard Branson, carrega um caderno com páginas em branco aonde quer que vá. Sempre que vê ou ouve algo interessante e novo, ele anota. Branson diz que muitas dessas ideias deram origem a novos negócios.

### Experimente novas tecnologias
Brincar com dispositivos eletrônicos e baixar aquele vídeo bobo do YouTube para exibi-lo na sua TV de tela gigante ativa inúmeros canais cerebrais que ligam suas redes auditivas, visuais e táteis ao sistema límbico e ao córtex pré-frontal. Falar sobre isso e compartilhar sua energia emocional com seus amigos espalhará a atividade por todo o cérebro. Até o tronco encefálico, que mantém você alerta e engajado, será exercitado.

### Aprenda um novo idioma ou instrumento
Estudar um novo idioma coloca você no topo do atletismo mental. Aprender um instrumento musical ou mesmo tocar aquele velho clarinete há muito guardado no armário também oferece um grande estímulo ao cérebro. Faça aulas.

(continua)

(continuação)

**Exercite-se, exercite-se, exercite-se**
Seu cérebro não é uma ilha, e sim parte de um sistema que se beneficia de exercício cardiovascular, uma boa dieta e hábitos de sono adequados. Uma das defesas mais consistentemente identificadas contra o desenvolvimento da doença de Alzheimer é realizar atividades físicas com frequência. Mudanças bioquímicas benéficas muito específicas, tais como aumento na quantidade de endorfinas e cortisol, resultam tanto de exercícios cardiovasculares quanto de treinamento de resistência e força. Esses benefícios literalmente correm pelas suas veias e chegam aos seus músculos, suas articulações, seus ossos e, sim, seu cérebro.

muitos anos, não ficou claro quanto o papel do lado direito do cérebro era crucial na obtenção do conhecimento e da sabedoria posteriormente codificados no lado esquerdo. Recentemente, pesquisas vêm revelando que o hemisfério direito é a parte exploratória do cérebro dedicada a descobertas e ao aprendizado. Quando uma criança estuda uma língua ou um adulto começa a pintar – sempre que olhamos e experimentamos o mundo de uma maneira nova –, o hemisfério direito é exercitado. Depois, o novo conhecimento (linguagem, por exemplo) migra para o hemisfério esquerdo, onde é organizado, codificado e disponibilizado para o uso cotidiano. Ou seja, o hemisfério esquerdo trata da expressão da linguagem, mas o direito lida com a aquisição dela.

As redes neuronais no lado direito também se beneficiam de exercícios. Quanto mais coisas novas você aprende, melhor você se torna em aprender. Engajar-se de modo ativo em atividades novas e desafiadoras fortalece a neuroplasticidade e a capacidade do seu cérebro de se reorganizar adaptativamente e amplificar seu desempenho. Estudos com adultos mais velhos em geral mostram que os que vivem dessa maneira têm mais redes neuronais complexas do que os que não adotam esse estilo de vida. Pessoas que cultivam o entusiasmo costumam ser mais abertas a experiências novas e inesperadas. Abraham Goldstein seguia essa "dieta" de saúde cognitiva. Como advogado em Manhattan e professor emérito da Baruch College,

Goldstein orientou estudantes de direito e levou uma vida física e mentalmente ativa até os 103 anos.

Aprendizado contínuo pode proporcionar outro benefício importante. Pesquisas mostram que gente como Abraham Goldstein é mais resistente ao Alzheimer e a outras formas de demência. Vejamos o caso de Richard Wetherill, um palestrante universitário aposentado e enxadrista talentoso que conseguia imaginar oito movimentos à frente no jogo. No começo de 2001, Wetherill reparou que suas habilidades no xadrez tinham diminuído – ele só conseguia visualizar cinco movimentos à frente. Convencido de que era um sinal de que havia algo errado, Wetherill consultou um neurologista e fez os testes diagnósticos habituais. Os resultados eram bons, e os exames de imagem do cérebro também pareciam normais. Ele morreu dois anos depois, e foi realizada uma autópsia. A patologia post mortem mostrou que Wetherill sofrera de Alzheimer em estado avançado, o que teria deixado a maioria das pessoas cognitivamente não funcionais. O caso ilustra como pessoas saudáveis do ponto de vista cognitivo graças a um estímulo intelectual vigoroso podem se proteger do declínio mental que surge com o avanço da idade.

Pessoas receptivas a novidades e inovações também tendem a ser boas na gestão de crises, pois conseguem ver oportunidades até nas situações mais calamitosas. A reação de Gene Krantz ao momento mais sombrio da emergência do *Apollo 13* é um caso em questão: "Acredito que esta será a nossa hora mais nobre", disse ele. Krantz tinha um longo histórico de desafiar convenções, políticas e práticas na Nasa. Organizava equipes com talentos que ia recrutar em silos tradicionais, cruzava fronteiras e abria as portas do escritório para vendedores externos visando desenvolver conhecimento e relacionamentos. Ele foi incluído no livro *The Leadership Moment* (O momento da liderança), de Michael Useem, como modelo de liderança criativa eficaz. Não há como verificar isso sem exames de imagens neuronais, mas seria de esperar que o cérebro de Krantz tivesse uma rede altamente conectada de vias neuronais no hemisfério direito. Seu mindset e suas experiências levam ao tipo de desenvolvimento do hemisfério direito que é crítico para a saúde cognitiva.

De maneira mais geral, refiro-me a ter a atitude aberta que os monges budistas chamam de mente de principiante, uma disposição a dar um passo atrás em relação ao conhecimento prévio e às convenções existentes para recomeçar e cultivar novas opções – um desafio que ativa cognições do hemisfério direito. Se você está decidido a inovar, não há começo melhor do que o pensamento budista. Em *Mente zen, mente de principiante,* Shunryu Suzuki descreve a mente zen como aberta, capaz de nutrir tanto dúvidas quanto possibilidades e de ver as coisas como originais e novas. "Na mente do iniciante há muitas possibilidades, mas na do especialista há poucas", observou ele.

Também defendemos a adoção de um mentorado. Embora seja amplamente sabido que ter um mentor beneficia executivos em ascensão, pesquisas em andamento revelam que, nessa relação, o maior beneficiário é o próprio mentor. Isso porque ele se expõe a informações, perguntas e ideias das quais, se não fosse por seu mentorado, poderia se distanciar. No campo da medicina, por exemplo, médicos experientes podem aprender muito com as perguntas perspicazes feitas pelos estudantes.

---

A saúde cognitiva pode afetar todas as esferas da sua vida. Em um nível organizacional, pode ser a alavanca máxima para uma vantagem competitiva sustentável. A tarefa crítica do líder é promover os níveis mais altos de desempenho criando ambientes nos quais as pessoas possam atingir o potencial pleno do cérebro. Refletir sobre os quatro passos e decidir como eles se aplicam aos desafios estratégicos da sua empresa é uma boa maneira de começar. Nem todas as organizações chegarão à mesma combinação de práticas e políticas. O perfil cognitivo exigido por uma grande montadora na indústria automobilística pode diferir do que é necessário para administrar uma start-up de biotecnologia. A primeira pode enfatizar atividades do hemisfério esquerdo (por exemplo, detectar padrões ocultos na demanda), enquanto a segunda pode exigir sobretudo atividade do hemisfério direito (por exemplo, lidar com projetos malsucedidos de pesquisa e desenvolvimento).

Independentemente de qual possa ser a melhor abordagem para a sua organização, uma cultura positiva do ponto de vista cognitivo, que estimula as pessoas a usar toda a sua capacidade cerebral no trabalho, só se torna realidade com o tipo certo de liderança comprometida. O futuro pertence a empresas com líderes que desenvolvem saúde cognitiva para si mesmos e suas organizações. CEOs precisam ser coaches cognitivos para aqueles cujo trabalho e cujas decisões, coletivamente, criam e impulsionam a estratégia da companhia.

**Publicado originalmente em novembro de 2007.**

# 5

# A construção de um atleta corporativo

*Jim Loehr e Tony Schwartz*

SE EXISTE UMA QUALIDADE QUE EXECUTIVOS perseguem para si mesmos e desejam para seus funcionários, é esta: alto desempenho sustentado diante de pressões cada vez maiores e mudanças rápidas. Mas a fonte desse desempenho é tão obscura quanto a da juventude. Teóricos da administração há muito procuram identificar com precisão o que faz algumas pessoas prosperarem sob pressão e outras desistirem. Na nossa opinião, até aqui só temos respostas parciais: recompensas materiais, a cultura certa, gestão pautada por objetivos.

Acreditamos que o problema com a maioria das abordagens é que elas consideram as pessoas somente do pescoço para cima, levando em conta sobretudo a capacidade cognitiva. Nos últimos anos, muito se falou sobre a ligação entre inteligência emocional e alto desempenho. Alguns teóricos abordaram a dimensão espiritual – como valores mais profundos e uma sensação de propósito influenciam o desempenho. Quase ninguém prestou atenção no papel das capacidades físicas nesse contexto. Descobrimos que uma abordagem bem-sucedida para o alto desempenho sustentado deve reunir esses elementos e considerar o indivíduo como um todo. Portanto, nossa teoria integrada de gestão de desempenho abarca o corpo, as emoções, a mente e o espírito. Chamamos essa hierarquia de *pirâmide de desempenho*. Cada nível influencia profundamente os demais, e o fracasso em considerar qualquer um deles compromete a prática.

Nossa abordagem tem raízes nas duas décadas que Jim Loehr e seus colegas na LGE passaram trabalhando com os melhores atletas do mundo. Há muitos anos, ele e eu começamos a desenvolver uma versão mais completa dessas técnicas para executivos que estavam enfrentando demandas sem precedentes em seus locais de trabalho. Percebemos que esses executivos são, de certa forma, "atletas corporativos". Postulamos o seguinte: para apresentar um alto desempenho ao longo do tempo, eles precisariam treinar sistematicamente e em vários níveis, como fazem os melhores atletas do mundo. Depois de testar nosso modelo em milhares de executivos, confirmamos nossa hipótese inicial: a atuação deles melhorou de maneira notável, bem como sua saúde e felicidade. Nas páginas a seguir, descrevemos em detalhes com foi nossa abordagem.

## Estado Ideal de Desempenho

Quando lidamos com atletas em treinamento, nunca nos concentramos nas suas habilidades básicas – como acertar um saque, dar uma tacada de golfe ou arremessar uma bola de basquete. Da mesma forma, nos negócios, não abordamos competências elementares, como falar em público, negociar ou analisar um balanço. Nossos esforços visam ajudar executivos a desenvolver sua capacidade para o que pode ser chamado de "competências de apoio", ou secundárias, entre as quais estão resiliência, força, flexibilidade, autocontrole e foco. Aumentar a capacidade em todos os níveis permite que tanto atletas quanto executivos elevem seus talentos e habilidades ao máximo e mantenham o alto desempenho ao longo do tempo – uma condição que chamamos de Estado Ideal de Desempenho (EID). É claro que executivos podem ter uma excelente atuação mesmo que fumem, bebam, tenham sobrepeso ou careçam de habilidades emocionais ou de um propósito nobre. No entanto, esse resultado não estará à altura de seu pleno potencial ou cobrará um preço após um tempo – para eles próprios, para suas famílias e para as corporações que os empregam. Resumindo, as pessoas com melhor desempenho no longo prazo mobilizam energia positiva em todos os níveis da pirâmide de desempenho.

Pesquisas exaustivas na ciência do esporte confirmam que a capacidade de mobilizar energia sob demanda é a fundação do EID. Nosso trabalho demonstrou que a gestão eficaz de energia tem dois elementos cruciais. O primeiro é o movimento rítmico entre gasto (estresse) e renovação de energia (recuperação), a "oscilação". No laboratório vivo dos esportes, aprendemos que o verdadeiro inimigo do alto desempenho não é o estresse, o qual, por mais paradoxal que possa parecer, é na verdade o estímulo para o aprimoramento. O problema é a ausência de recuperação disciplinada e intermitente. Estresse crônico sem recuperação esgota as reservas de energia, leva à exaustão e ao colapso e, por fim, mina o desempenho. Rituais que promovem oscilação – estresse e recuperação ritmados – são o segundo componente do alto desempenho. Se repetidas com regularidade, essas rotinas altamente precisas e desenvolvidas de forma consciente se tornam automáticas com o tempo.

Os mesmos métodos que capacitam os melhores atletas do mundo a atingirem o EID sob pressão seriam, no mínimo, igualmente eficazes para líderes de negócios – e, talvez, ainda mais importantes em suas vidas. As demandas para que executivos sustentem um alto desempenho dia após dia, ano após ano, ofuscam os desafios enfrentados por qualquer atleta que já treinamos. O atleta profissional médio, por exemplo, passa a maior parte do seu tempo treinando e somente uma pequena porcentagem efetivamente competindo. O executivo típico, em contraste, não dedica quase nenhum tempo a treinar e deve apresentar um alto desempenho sob demanda 10, 12, 14 horas por dia, ou mais. Atletas desfrutam de vários meses de folga fora das temporadas, enquanto a maioria dos executivos tem sorte se tirar três ou quatro semanas de férias por ano. A carreira do atleta profissional médio dura sete anos; o executivo médio pode trabalhar de 40 a 50 anos.

Obviamente, até atletas corporativos que treinam em todos os níveis terão dias ruins e encontrarão desafios insuperáveis. A vida é dura, e para muitos executivos sem tempo, só vai piorar. Mas este é precisamente o nosso ponto: embora nem sempre possamos mudar nossas condições externas, é possível treinar para gerenciar melhor nosso estado interior. Nosso objetivo é ajudar atletas corporativos a usar todas as suas capacidades para prosperar nas circunstâncias mais difíceis e a emergir de períodos estressantes mais fortes, mais saudáveis e ansiosos pelo próximo desafio.

## Capacidade física

Energia pode ser definida do modo mais simples como a capacidade de trabalhar. Nosso processo de treinamento começa no nível físico porque o corpo é nossa fonte fundamental de energia – a base da pirâmide do desempenho. Talvez o melhor paradigma para estar em forma seja a musculação. Várias décadas de pesquisas em ciências do esporte estabeleceram que o segredo para aumentar a força física é um fenômeno conhecido como supercompensação – combinar proporções equilibradas de esforço e descanso. Na musculação, isso envolve estressar um músculo até o ponto em que suas fibras literalmente começam a se romper. Se houver um período de recuperação adequado (pelo menos 48 horas), o músculo não somente cicatrizará como também se fortalecerá. No entanto, estressar o músculo sem descanso resultará em danos agudos e crônicos. Ao contrário, não trabalhar o músculo resultará em fraqueza e atrofia (pense em um braço engessado por semanas). Em ambos os casos, o inimigo não é o estresse, mas a linearidade – a incapacidade de alternar entre gasto de energia e recuperação.

Compreendemos pela primeira vez o poder dos rituais na recuperação observando os melhores tenistas do mundo. Descobrimos que durante uma partida eles têm rituais que duram algo em torno de 15 a 20 segundos *entre* os pontos – com frequência, sem estar cientes disso. É quando ocorre a recuperação. As rotinas entre os pontos incluem se concentrar nos encordoamentos das raquetes para evitar distrações, adotar uma postura confiante e visualizar como querem marcar o próximo ponto. Esses rituais têm efeitos fisiológicos surpreendentes. Quando conectamos jogadores a monitores de frequência cardíaca durante os jogos, os competidores com rituais mais consistentes demonstraram uma oscilação importante: a frequência subia depressa com a bola em quadra e caía de 15% a 20% entre os pontos.

Os efeitos mentais e emocionais de rotinas precisas entre os pontos são igualmente significativos. Eles permitem que os jogadores evitem sentimentos negativos, se concentrem e se preparem para a jogada seguinte. Por outro lado, jogadores que carecem de rituais entre os pontos ou que os praticam de modo inconsistente se tornam lineares – gastam energia demais sem recuperação. Independentemente de seu talento ou forma física, eles se tornam mais vulneráveis à frustração, à ansiedade e à falta de concentração, e são muito mais propensos a falhar sob pressão.

A mesma lição se aplica aos atletas corporativos que treinamos. O problema não é tanto o estresse a que estão submetidos, e sim o fato de viver de modo tão implacavelmente linear. Em geral eles fazem um grande esforço mental e emocional e quase nenhum no âmbito físico. Ambas as formas de linearidade minam o desempenho.

Quando começamos a trabalhar com Marilyn Clark, diretora de gestão da Salomon Smith Barney, ela levava uma vida quase sem oscilações. À época perto dos 40 anos, administrava o escritório de Cleveland e tinha três crianças pequenas. Seu marido era um executivo poderoso que havia ascendido por mérito próprio. Para todos os efeitos, ela levava uma vida invejável e não se queixava. Contudo, seu estilo de vida agitado estava cobrando um preço, o que ficou claro depois de alguma investigação. Pela manhã, depois de tomar café e comer um muffin, ela estava alerta e cheia de energia. No entanto, à tarde sua energia despencava, e ela passava a precisar da mais pura determinação para atravessar o dia. Na hora do almoço, quando poderia reservar alguns momentos tranquilos para se recuperar, não conseguia dizer não aos funcionários que formavam fila na porta da sua sala em busca de aconselhamento e apoio. Entre as demandas do trabalho, dos colegas e da família, quase não sobrava tempo para ela mesma. A frustração crescia silenciosamente.

Começamos nosso trabalho com Clark avaliando sua capacidade física. Embora na adolescência ela tivesse sido uma atleta dedicada e na faculdade uma jogadora de lacrosse, nos últimos anos sua atividade física se limitara a abdominais ocasionais antes de dormir. Quando aprendeu mais sobre a relação entre energia e alto desempenho, concordou que

## A pirâmide do alto desempenho

Muitas vezes, desempenho máximo nos negócios acaba se resumindo a uma questão de capacidade intelectual. Para nós, trata-se de uma pirâmide. O bem-estar físico é a base. Em seguida vêm saúde emocional, desempenho mental e, no topo, senso de propósito. O Estado Ideal de Desempenho – desempenho máximo sob pressão – é atingido quando todos os níveis operam juntos.

Rituais que promovem oscilação – o gasto e a recuperação de energia se alternando de maneira rítmica – conectam os níveis da pirâmide. Por exemplo, exercício vigoroso pode produzir uma sensação de bem-estar emocional, abrindo caminho para o desempenho mental máximo.

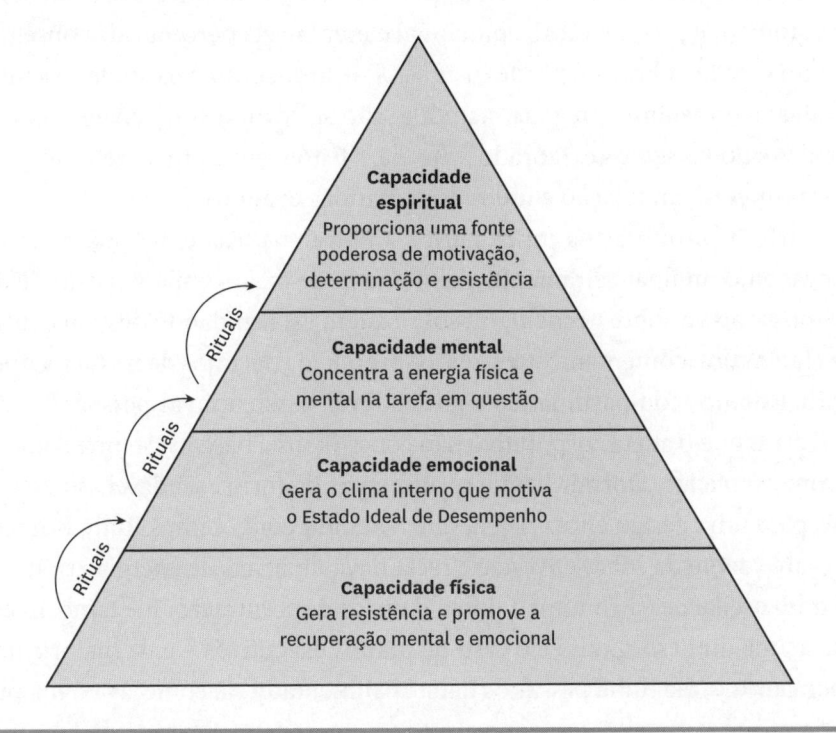

**Capacidade espiritual**
Proporciona uma fonte poderosa de motivação, determinação e resistência

**Capacidade mental**
Concentra a energia física e mental na tarefa em questão

**Capacidade emocional**
Gera o clima interno que motiva o Estado Ideal de Desempenho

**Capacidade física**
Gera resistência e promove a recuperação mental e emocional

sua prioridade era recuperar a forma física. Ela queria se sentir melhor e sabia pela experiência que seu humor melhoraria se incluísse exercícios regulares na rotina.

Como é difícil abandonar velhos hábitos, ajudamos Clark a estabelecer rituais positivos para substituí-los. Parte do trabalho foi criar um ambiente que a apoiasse. Os colegas com quem Clark trabalhava se tornaram uma fonte de torcida – e até de chateação – conforme ela estabelecia uma rotina que até então parecia impensável. Clark se comprometeu a se exercitar três vezes por semana em uma academia próxima, exatamente à uma da tarde, e recrutou o marido para cuidar dos filhos enquanto praticava alguma atividade física aos sábados e domingos.

Exercícios regulares ajudaram Clark a estabelecer limites claros entre vida e trabalho e restauraram sua autoimagem como atleta. Agora, em vez de tropeçar no desânimo à tarde e pegar um chocolate, Clark volta da academia para o escritório se sentindo revigorada e mais capaz de se concentrar. O estresse físico se tornou uma fonte não somente de resistência, mas também de recuperação emocional e mental: ela percebe que consegue trabalhar menos horas e produzir mais. Por fim, como deixou de se sentir cronicamente sobrecarregada, acredita que se tornou uma chefe melhor. "Meu corpo se sente revigorado", diz ela. "Estou muito mais relaxada e o ressentimento em relação a todas as demandas evaporou."

Clark inspirou outros funcionários a entrar na academia. Ela e vários colegas ajudam financeiramente quem não pode arcar com esse custo. "Não falamos mais só sobre negócios ou sobre quem está cuidando de qual conta", diz ela. "Agora, comentamos se fizemos exercício e falamos da nossa recuperação. Estamos compartilhando algo saudável, e isso uniu as pessoas."

É claro que o atleta corporativo não constrói uma base física forte somente com exercícios. Dormir bem e se alimentar de forma saudável são essenciais para uma gestão eficaz de energia. Quando conhecemos Rudy Borneo, vice-presidente da Macy's West, ele reclamava de níveis de energia erráticos, grandes oscilações de humor e dificuldade de concentração. Ele também estava acima do peso. Como é o caso de muitos executivos – e da maioria dos americanos –, ele tinha péssimos hábitos alimentares. Já começava o dia pulando o café da manhã – o equivalente a começar uma corrida de Fórmula 1 com o tanque quase vazio. O almoço era improvisado, e Borneo recorria aos doces para aplacar sua fome à tarde. Assim, obtinha picos de glicose no sangue que lhe proporcionavam rápidas descargas de energia (que não duravam). Com frequência, o jantar era farto. Digerir tanta comida perturbava o sono de Borneo, que se sentia letárgico e indisposto pela manhã.

Parece familiar?

Como fizemos com Clark, ajudamos Borneo a substituir maus hábitos por rituais positivos, começando pela alimentação. Explicamos que com refeições leves, mas frequentes, ele poderia manter um nível constante de energia. (Para um relato mais completo das rotinas básicas de exercício, alimentação e sono, veja o quadro "Uma base firme".) Borneo agora toma café da manhã todo dia – em geral, um bagel e uma bebida com alto teor de proteínas em vez de café. Também mostramos a ele pesquisas de cronobiólogos que sugeriam que o corpo e a mente precisam de um tempo de recuperação a cada 90 a 120 minutos. Tomando esse ciclo como a base de seu cronograma alimentar, ele instalou uma geladeira ao lado da sua mesa e começou a fazer cinco ou seis refeições pequenas, mas nutritivas, por dia e a beber água com frequência. Ele também adotou treinamentos intervalados, o que aumentou sua resistência e sua velocidade de recuperação.

Além de fazê-lo perder peso e lhe proporcionar bem-estar, os rituais nutricionais e de exercícios tiveram um efeito importante em outros aspectos da sua vida. "Agora, faço exercícios tanto para a mente quanto para o corpo", diz ele. "Aos 59 anos, tenho mais energia do que nunca e posso mantê-la por um período mais longo. Para mim, os rituais são o santo graal. Praticá-los para gerar equilíbrio teve impacto em todas as áreas da minha vida: assumir uma postura mais positiva, solucionar questões difíceis de recursos humanos, lidar com mudanças, tratar melhor as pessoas. Acredito que, quando você aprende a cuidar de si mesmo, libera energia e entusiasmo para cuidar mais dos outros."

### Capacidade emocional

O próximo elemento da construção do EID é a capacidade emocional – o estado de espírito interior que sustenta o desempenho máximo. No começo da nossa pesquisa, pedimos a centenas de atletas que descrevessem como se sentiam quando atingiam seu melhor desempenho. Invariavelmente, eles usavam palavras como "calmo", "desafiado", "engajado", "concentrado", "otimista" e "confiante". Pouco depois de conquistar uma de suas medalhas de ouro nos Jogos Olímpicos de Sydney, a velocista Marion Jones disse: "Estou me divertindo bastante. Este não é um período estressante na minha vida. É um momento muito feliz." Tempos depois, fizemos a mesma pergunta a policiais, militares, cirurgiões e executivos, e eles relataram quase a mesma coisa ao descreverem seu Estado Ideal de Desempenho.

Assim como emoções positivas ativam a energia que motiva o alto desempenho, emoções negativas – frustração, impaciência, raiva, medo, ressentimento e tristeza – drenam energia. Com o tempo, esses sentimentos podem ser literalmente tóxicos, elevando a frequência cardíaca e a pressão sanguínea, aumentando a tensão muscular, contraindo a visão e, por fim, comprometendo o desempenho. Atletas ansiosos e tomados pelo medo têm mais chance de fracassar em competições. A raiva e a frustração sabotam sua capacidade de concentração.

O impacto de emoções negativas na atuação nos negócios é mais sutil, mas não menos devastador. Alan, executivo em uma empresa de investimentos, viaja com frequência, supervisionando meia dúzia de escritórios pelo país. Seus colegas e subordinados, descobrimos, o consideravam um chefe perfeccionista e bastante crítico, cuja frustração e impaciência às vezes explodiam em broncas furiosas. Nosso trabalho se concentrou em ajudar Alan a administrar suas emoções. Explicamos que sua raiva era uma emoção reativa, uma reação de "lutar ou fugir" a situações que ele percebia como ameaçadoras. Para gerenciar melhor, ele precisava transformar sua experiência interior de ameaça sob estresse em desafio.

Exercícios regulares aumentaram a resistência de Alan e lhe proporcionaram uma forma de aliviar a tensão. Como sua agenda cheia de viagens atrapalhava a atividade física, também o ajudamos a desenvolver um ritual de cinco passos para conter suas emoções negativas sempre que ameaçassem entrar em erupção. O desafio inicial era se tornar mais ciente dos sinais que seu corpo lhe mandava quando estava prestes a explodir: tensão física, coração disparado, pressão no peito. Quando tais sensações surgissem, o primeiro passo seria fechar os olhos e respirar fundo várias vezes. Então, ele relaxaria conscientemente os músculos do rosto. Em seguida, faria um esforço para suavizar a voz e falar mais devagar. Depois, tentaria se colocar no lugar da pessoa que era o alvo da sua raiva – imaginar o que ela deveria estar sentindo. Por fim, ele se concentraria em elaborar uma resposta com uma linguagem positiva.

No início, Alan se sentiu desconfortável em seguir esse passo a passo. Mais de uma vez, ele permitiu que o comportamento antigo o influenciasse. Depois de várias semanas, porém, o treinamento se tornou automático – uma maneira bastante confiável de desligar sua reatividade. Os funcionários relataram que ele se tornara uma pessoa mais sensata, mais acessível e menos assustadora. O próprio Alan diz que passou a ser um gestor muito mais eficiente.

Por meio do nosso trabalho com atletas, aprendemos muitos outros rituais que ajudam a contrabalançar sentimentos de estresse e restauram a energia positiva. Não é coincidência, por exemplo, que muitos atletas usem fones de ouvido enquanto se preparam para competir. A música provoca poderosos efeitos fisiológicos e emocionais; pode promover uma mudança na atividade mental do hemisfério esquerdo racional para o hemisfério direito intuitivo. Também proporciona alívio de pensamentos e de preocupações obsessivas. Por fim, a música pode ser um meio de regular diretamente a descarga de energia, aumentando o volume na hora de desempenhar e reduzindo-o quando é mais apropriado descomprimir.

A linguagem corporal também influencia as emoções. Em um experimento muito conhecido, depois de gravar cenas de raiva, atores foram submetidos a vários exames fisiológicos, incluindo frequência cardíaca, pressão arterial, temperatura interna, resposta galvânica da pele e níveis hormonais. Na sequência, foram expostos a uma situação que os deixou furiosos de verdade, e tomaram-se as mesmas aferições. Não havia nenhuma diferença nos dois perfis. Atuação eficiente produz a mesma fisiologia que emoções reais. Todos os grandes atletas compreendem isso de maneira instintiva. Se eles se portarem de modo confiante, acabarão se sentindo confiantes, mesmo em situações de forte estresse. É por isso que treinamos nossos clientes corporativos para "agir como se": refletir externamente a imagem do que querem sentir internamente. "Você é o que faz repetidamente", afirma Aristóteles. "A excelência não é um ato singular, mas um hábito."

Relacionamentos íntimos talvez sejam o meio mais poderoso para ativar emoções positivas e recuperação eficaz. Qualquer um que tenha desfrutado de uma alegre reunião de família ou de uma noite com amigos conhece

## Uma base firme

Estas são as estratégias básicas para restaurar a energia no nível físico. Algumas são tão familiares que se tornaram lugar-comum, fáceis de ignorar. É por isso que fazemos questão de reforçá-las. Se qualquer uma delas não fizer parte da sua vida agora, você pode sentir cansaço, irritabilidade, falta de resiliência emocional, dificuldade de concentração e até senso de propósito vacilante.

**1. Faça (de fato) todas as coisas saudáveis que você sabe que deveria fazer**
Faça cinco ou seis pequenas refeições por dia. Pessoas que fazem somente uma ou duas, com longos intervalos entre elas, obrigam o corpo a entrar em um modo de conservação, o que se traduz em um metabolismo mais lento. Nunca pule o café da manhã: comer assim que acordar enviará ao organismo a mensagem de que não precisa desacelerar o metabolismo para preservar energia. Adote uma dieta equilibrada. Apesar de todas as pesquisas nutricionais conflitantes, evidências esmagadoras sugerem que uma proporção dietética saudável é de 50% a 60% de carboidratos complexos, 25% a 35% de proteína e 20% a 25% de gordura. Reduza ao máximo açúcares simples. Além de representar calorias vazias, o açúcar provoca picos de glicose no sangue que esgotam a energia. Beba de quatro a cinco copos de 350 mililitros de água por dia, mesmo que não sinta sede. Cerca de metade da população vive com desidratação moderada crônica. Por fim, na lista de "você sabe que deveria": pratique atividade física. Recomendamos fortemente três a quatro sessões de 20 a 30 minutos de exercícios cardiovasculares por semana, incluindo pelo menos duas sessões intervaladas – picos rápidos de esforço intenso seguidos de curtos períodos de recuperação.

---

a profunda sensação de segurança que esses relacionamentos desencadeiam. Infelizmente, muitos atletas corporativos que treinamos acreditam que, para atingir as expectativas em relação ao seu desempenho no trabalho, eles não têm outra escolha que não a de limitar seu tempo com entes queridos. Tentamos reformular essa questão. Dedicando mais tempo aos seus relacionamentos mais importantes e definindo limites claros entre o trabalho e o lar, eles não só obterão mais satisfação, como também a recuperação da qual precisam para alcançar um melhor desempenho no trabalho.

## 2. Vá para a cama cedo e acorde cedo

Pessoas de hábitos noturnos têm muito mais dificuldade em lidar com as demandas do mundo dos negócios de hoje porque, em geral, ainda precisam acordar com os madrugadores. Com frequência, estão lentas e desconcentradas de manhã, dependentes de cafeína e de petiscos açucarados para sustentar seu nível de energia. Crie rituais de sono. Relógios biológicos não são gravados nos nossos genes.

## 3. Mantenha um horário consistente para dormir e despertar

Tão importante quanto a quantidade de horas que você dorme (idealmente, de sete a oito) é a consistência da onda de recuperação que você cria. Ciclos de sono regulares ajudam a ajustar os outros relógios biológicos e aumentam a probabilidade de um sono profundo e restaurador.

## 4. Faça pausas a cada 90 a 120 minutos para se recuperar

Cronobiológos descobriram que a glicose e a pressão arterial caem a cada 90 minutos. A capacidade geral fica comprometida se você ignorar os ciclos normais de estresse e descanso do corpo e não buscar se recuperar. Como aprendemos com os atletas, até mesmo pausas curtas e concentradas podem promover uma recuperação significativa. Sugerimos cinco fontes de restauração: comer, hidratar-se, movimentar-se, trocar de canais da mente e das emoções.

## 5. Faça pelo menos dois treinos de musculação por semana

Nenhum outro exercício reverte de maneira mais potente os marcadores da idade do que a musculação. A prática aumenta a força, retarda a osteoporose, acelera o metabolismo, amplia a mobilidade, melhora a postura e aumenta muito a energia.

## Capacidade mental

O terceiro nível da pirâmide – o cognitivo – é o foco da maior parte dos treinamentos para melhorar o desempenho. As abordagens habituais tendem a se concentrar em melhorar competências por meio de técnicas como reengenharia de processo e gestão de conhecimento ou de tecnologias mais sofisticadas. Nosso treinamento visa ampliar as capacidades cognitivas dos nossos clientes – sobretudo foco, gestão de tempo e habilidades de pensamento positivo e crítico.

Foco significa energia concentrada a serviço de um objetivo específico. Qualquer coisa que interfira no foco dissipa energia. Considerada em geral uma prática espiritual, a meditação pode servir como um meio bastante prático de treinar a atenção e promover a recuperação. Nesse nível, não é preciso recorrer a um guru. Uma técnica de meditação bastante adequada envolve se sentar em silêncio e respirar fundo, contando cada expiração, e recomeçar quando você chegar a 10. Você pode escolher uma palavra para repetir sempre que respirar.

Se praticada com regularidade, a meditação acalma a mente, as emoções e o corpo, proporcionando recuperação de energia. Diversos estudos mostraram, por exemplo, que pessoas que meditam há muito tempo precisam de menos horas de sono do que pessoas que não meditam. Meditação e outras disciplinas não cognitivas também podem desacelerar a atividade das ondas cerebrais e estimular uma migração da atividade mental do hemisfério esquerdo do cérebro para o direito. Alguma vez já aconteceu de você encontrar a solução para um problema irritante enquanto fazia algo que não exigia raciocínio, como corrida, jardinagem ou cantoria no chuveiro? Este é um bom exemplo da mudança do lado esquerdo do cérebro para o direito: o fruto da oscilação mental.

Boa parte do nosso treinamento neste nível se concentra em ajudar atletas corporativos a gerenciar conscientemente seu tempo e sua energia. Alternando períodos de estresse com recuperação, eles aprendem a alinhar o trabalho com a necessidade do corpo de fazer pausas a cada 90 a 120 minutos. Isso pode ser desafiador para empreendedores corporativos compulsivos. Jeffrey Sklar, de 39 anos, diretor administrativo de vendas institucionais da firma de investimentos de Nova York Gruntal & Company, estava acostumado a superar os concorrentes pela força bruta – pressionando mais intensa e implacavelmente do que qualquer outro. Com nossa ajuda, ele construiu um conjunto de rituais que lhe assegurava recuperação regular e o capacitava a ter um desempenho melhor com menos horas de trabalho.

Uma vez durante a manhã e de novo à tarde, Sklar se retira do pregão frenético para um escritório silencioso, onde passa 15 minutos fazendo exercícios de respiração profunda. Na hora do almoço, sai do escritório – algo que já considerou inconcebível – e caminha ao ar livre por pelo menos

15 minutos. Ele também pratica exercícios físicos cinco ou seis vezes por semana depois do trabalho. Em casa, ele e a esposa, que também é uma executiva ocupada, fizeram um pacto de nunca conversar sobre negócios depois das oito da noite. Além disso, pararam de trabalhar aos fins de semana e mantêm esse voto há quase dois anos. Durante esse período, a renda de Sklar aumentou mais de 65%.

Para Jim Connor, presidente e CEO da FootJoy, reorganizar o tempo se tornou não somente uma maneira de administrar melhor sua energia, mas também de levar uma vida mais equilibrada e resgatar suas paixões. Connor nos procurou dizendo que se sentia preso em uma rotina muito difícil de abandonar. "Meus sentimentos estavam amortecidos. Só assim eu conseguia lidar com as dores emocionais da vida", explica ele. "Eu havia suavizado todas as adversidades a tal ponto que a oscilação era proibida. Eu não estava sentindo a vida, apenas a executava todo dia."

Connor impusera a si mesmo a restrição de ser a primeira pessoa a chegar ao escritório e a última a partir. Na realidade, ele reconhecia, ninguém faria objeção se ele entrasse um pouco mais tarde ou saísse um pouco mais cedo alguns dias por semana. Percebeu que também fazia sentido passar um ou dois dias trabalhando em uma fábrica secundária a 45 minutos de sua casa, bem mais próxima do que o escritório principal. Isso poderia fazer com que os funcionários da fábrica se sentissem prestigiados e, ao mesmo tempo, recuperaria preciosos minutos gastos com deslocamento.

Como efeito de nosso trabalho conjunto, Connor montou um escritório na fábrica. Agora, ele fica pelo menos um dia inteiro por semana lá, e várias pessoas perceberam que ele está bem mais disponível. Também começou a fazer aula de golfe durante uma manhã, o que lhe permitiu dirigir mais relaxado até o escritório principal, evitando o horário do rush no dia da aula. Além disso, Connor instituiu uma rotina de viajar com a esposa uma vez por mês e com frequência sai mais cedo do trabalho para passar tempo extra com a família.

Connor também criou pausas para comer frutas e tomar água ao longo do dia. "Que diferença esses momentos fazem", diz ele. "Programo meu alarme para 90 minutos a fim de evitar recaídas, mas estou incorporando essa rotina na minha vida e amando. Me sinto muito mais produtivo e a qualidade do meu processo mental melhorou de maneira muito perceptível.

Também me dedico mais ao que é importante e não fico preso aos detalhes. Estou pausando mais para pensar e fazer intervalos."

Rituais que estimulam pensamento positivo aumentam a probabilidade de atingir o Estado Ideal de Desempenho. Mais uma vez, nosso trabalho com atletas de ponta nos ensinou o poder de criar rituais mentais específicos para preservar o nível de energia positiva. Jack Nicklaus, um dos jogadores de melhor desempenho sob pressão da história do golfe, demonstrou uma compreensão intuitiva da importância dos rituais e da oscilação entre atividade e pausa para recuperação. "Desenvolvi um sistema que me permite ir de picos de concentração a vales de relaxamento e me concentrar novamente se for necessário", escreveu ele na *Golf Digest*. "Meu foco começa a se aguçar quando caminho até o *tee*, o pequeno pedestal onde colocamos a bola, e vai se intensificando até o momento da tacada, que é o pico. Então relaxo por meio de uma conversa casual com um colega competidor ou deixando minha mente livre para pensar no que quiser."

Visualização é outra forma de produzir energia positiva e proporcionar resultados palpáveis no desempenho. Por exemplo, Earl Woods ensinou o filho Tiger a formar uma imagem mental da bola rolando para dentro do buraco antes de cada tacada. Esta prática vai além de produzir uma vaga sensação de otimismo e bem-estar. Ian Robertson, neurocientista da Trinity College, em Dublin, autor de *Mind Sculpture* (Escultura mental), descobriu que a visualização é capaz de reprogramar o circuito neuronal do cérebro, melhorando diretamente o desempenho. É difícil imaginar uma ilustração melhor do que a experiência da atleta de saltos ornamentais Laura Wilkinson. Seis meses antes dos Jogos Olímpicos de Sydney, Wilkinson quebrou três dedos do pé direito enquanto treinava. Impossibilitada de entrar na água por causa do gesso, ela passava horas por dia na plataforma de saltos, visualizando cada um dos seus mergulhos. Teve poucas semanas para realmente praticar antes da competição, mas acabou conquistando a medalha de ouro na plataforma de 10 metros.

A visualização também funciona bem no escritório. Sherry Sklar cumpre um ritual antes de qualquer evento importante na vida profissional. "Sempre me isolo em um lugar silencioso e penso sobre o que espero da reunião", diz ela. "Depois, visualizo a mim mesma conquistando o resultado desejado." Dessa maneira, Sklar fortalece os músculos mentais aumentando sua força, resistência e flexibilidade. Ao fazer isso, ela reduz a probabilidade de se deixar distrair por pensamentos negativos sob pressão. "Esse ritual fez de mim uma pessoa muito mais relaxada e confiante quando vou fazer apresentações", conta ela.

## Capacidade espiritual

A maioria dos executivos vê com alguma desconfiança o nível espiritual da pirâmide do desempenho em ambientes de negócios. Isso é compreensível porque a palavra "espiritual" ativa emoções conflitantes e, à primeira vista, não parece relevante para o alto desempenho. Portanto, sejamos claros: por capacidade espiritual, referimo-nos simplesmente à energia que é liberada ao se explorar os valores mais profundos de um indivíduo e ao definir um forte senso de propósito. Descobrimos que essa capacidade serve como sustento diante de adversidades e como poderosa fonte de motivação, concentração, determinação e resiliência.

Vejamos o caso de Ann, uma executiva de alto escalão em uma grande empresa de cosméticos. Durante boa parte de sua vida adulta, ela tentou parar de fumar, sem sucesso, atribuindo o fracasso à falta de disciplina. Fumar prejudicava sua saúde e sua produtividade no trabalho. Ela sentia falta de ar, se ausentava por doença mais do que os colegas e se distraía durante reuniões longas por causa da vontade de fumar.

Há quatro anos, Ann soube que estava grávida e não fumou nenhum cigarro até o dia em que seu filho nasceu. Depois, retomou o hábito. Um ano mais tarde, engravidou de novo e, mais uma vez, parou de fumar sem nenhum sintoma de abstinência. Fiel ao padrão, voltou ao cigarro quando o filho nasceu. "Não entendo", contou ela, com certa melancolia.

Oferecemos uma explicação simples. Desde que Ann fosse capaz de conectar o impacto do cigarro com um propósito maior – a saúde do filho na barriga –, parar de fumar se tornava fácil. Ela fazia o que chamamos de "adaptação baseada em valores". No entanto, sem essa forte conexão com um propósito mais profundo, ela voltava ao mau hábito – uma adaptação conveniente que atendia aos seus interesses de curto prazo. Fumar era um prazer sensorial para Ann, assim como uma maneira de aliviar a ansiedade e o estresse social. Compreender cognitivamente que fazia mal à saúde, sentir-se culpada por isso em um nível emocional e até mesmo experimentar os efeitos negativos em seu corpo não era motivação suficiente para mudar seu comportamento. Ann precisava de uma fonte de motivação mais poderosa.

Para fazer essa conexão, é preciso se distanciar regularmente da rotina interminável de prazos e obrigações e dedicar tempo à reflexão. Executivos ocupados tendem a viver em um permanente estado de triagem, priorizando o mais urgente e deixando de lado o quadro geral. Meditar, escrever um diário, fazer uma oração e ajudar os outros são rituais que proporcionam às pessoas a oportunidade de fazer uma pausa e olhar para dentro. Cada uma destas atividades pode também servir como fonte de recuperação – uma maneira de quebrar a linearidade da atividade incessante de olho nas metas.

Dedicar tempo a se conectar com seus valores mais profundos pode ser extremamente recompensador. E também doloroso, como descobriu um cliente a quem chamaremos de Richard. Richard é um corretor de ações que trabalha na cidade de Nova York e mora em um subúrbio distante. Sua esposa fica em casa com os três filhos pequenos. Entre as viagens de ida e volta para o trabalho e as longas jornadas na corretora, Richard passava pouco tempo com a família. Como tantos clientes, sua rotina incluía sair de casa antes de os filhos acordarem e voltar no começo da noite, exausto e desanimado para fazer qualquer coisa. Ele não estava feliz, mas não via nenhuma solução fácil. Com o tempo, essa prostração começou a afetar seu desempenho, de modo que, ao chegar em casa no fim do dia, ele estava ainda mais negativo. Era um círculo vicioso.

Certa noite, enquanto voltava do trabalho, Richard refletiu sobre sua vida. De repente, ele se sentiu tão dominado pela emoção que parou o carro em um parque a 10 quarteirões de casa para se recompor. Para seu assombro, começou a chorar. Sentia-se consumido pela tristeza em relação à vida e tomado por um anseio enorme de estar com a família, abraçar a esposa e os filhos. Acostumados a manter distância do pai no fim do dia, as crianças ficaram compreensivelmente desnorteadas ao vê-lo com lágrimas escorrendo pelo rosto e abraçando a todos. Quando a esposa o viu, pensou que ele tinha sido demitido.

No dia seguinte, Richard se sentiu mais uma vez estranhamente impelido a parar no parque perto de casa. Como era de esperar, recomeçou a chorar e sentiu o mesmo desejo de estar com a família. Então, voltou às pressas para casa. Nos dois anos seguintes, Richard contou nos dedos o número de vezes em que não parou no parque por pelo menos 10 minutos. A onda de emoção perdeu força com o tempo, mas a sensação de que estava reafirmando o que era de fato importante na vida se manteve forte.

Richard encontrara um ritual que lhe permitia se desligar do trabalho ao mesmo tempo que se conectava com um profundo senso de propósito e significado – a família. Naquele contexto, ir para casa deixou de ser um fardo depois de um longo dia e se tornou fonte de renovação. Com isso, ele se tornou mais focado, positivo e produtivo no trabalho – tanto que foi capaz de reduzir sua jornada. Em um nível prático, estabeleceu um equilíbrio melhor entre estresse e recuperação. Ao identificar um senso de propósito mais profundo, descobriu uma nova e poderosa fonte de energia que nutriu as esferas profissional e familiar.

---

Em um ambiente corporativo em transformação constante e acelerada, manter o alto desempenho de maneira consistente é mais difícil e mais necessário do que nunca. Pequenas intervenções deixaram de ser suficientes. As empresas não podem se dar ao luxo de abordar as capacidades cognitivas dos funcionários enquanto ignoram seu bem-estar físico, emocional e espiritual. No campo esportivo ou na sala da diretoria, o alto desempenho depende de como as pessoas gastam sua energia, mas também de como a restauram. De como administram seu trabalho, mas também a vida de modo geral. Quando se sentem fortes e resilientes – física, mental, emocional e espiritualmente –, têm um desempenho melhor e mais apaixonado durante mais tempo. Todos ganham com isso: elas próprias, suas famílias e as organizações que as empregam.

**Publicado originalmente em janeiro de 2001.**

# 6
# Estresse pode ser bom se você souber usá-lo

*Alia Crum e Thomas Crum*

COM TODA A ATENÇÃO QUE A MÍDIA e a medicina vêm dando ao estresse e a seus impactos negativos na saúde, é fácil concluir que essa condição é irremediavelmente ruim – algo a ser evitado ao máximo.

Temos uma perspectiva diferente. Acreditamos que buscar uma vida "sem estresse" gera mais estresse no futuro: os problemas se acumulam e, se não conseguimos enfrentar os desafios mais intensos, nunca são superados. Pense em um momento no qual você experimentou um crescimento pessoal ou profissional relevante ou em uma época em que seu desempenho chegou ao nível mais alto, tal como ao terminar uma maratona, montar um negócio ou criar um filho. O que motivou você a crescer, aprender e melhorar durante esses períodos? Nossa aposta é que essas ocasiões envolveram, invariavelmente, algum estresse ou dificuldade.

O estresse tem diversos atributos maravilhosos. Ele lembra que somos feitos de carne e osso; nos conecta diretamente com os aspectos mais desafiadores e importantes das nossas vidas. Não estamos sugerindo que o estresse contínuo não cobre um preço; apenas afirmamos que também pode trazer benefícios inesperados na forma de crescimento pessoal. Combinando nossos anos de experiência na condução de seminários de liderança e ensino de meditação e artes marciais (Thomas) e explorando pesquisas empíricas na área de psicologia (Alia), descobrimos que indivíduos que adotam o mindset "o estresse me faz crescer" em suas vidas demonstram melhor desempenho no trabalho e menos sintomas de saúde negativos do que aqueles para quem o "estresse é debilitante". Tomando por base nossas pesquisas com executivos, estudantes, integrantes das forças de elite da Marinha americana, os SEALs, e atletas profissionais, desenvolvemos uma abordagem de três passos para reagir à pressão que poderá ajudá-lo a aproveitar o lado bom do estresse e minimizar seus efeitos prejudiciais.

## Passo 1: Enxergue o estresse

O primeiro passo para transformar sua reação ao estresse é enxergar que ele existe. Em vez de negá-lo ou ficar pensando nele, recomendamos simplesmente nomear ou rotular o estresse que você está enfrentando no momento. Por exemplo, você pode dizer para si mesmo: "Estou estressado porque meu filho repetiu de ano na escola." Ou: "Estou estressado com nossos números de fechamento anual." Ou: "Estou estressada com o diagnóstico de saúde recente do meu marido."

A pesquisa neurocientífica de Matt Lieberman mostra que o simples fato de se reconhecer o estresse pode transferir a reatividade dos centros automáticos do cérebro para as regiões onde são tomadas as decisões mais conscientes. Em um estudo, foram mostradas imagens negativas a pessoas submetidas a um exame de imageamento cerebral. Quando os pesquisadores pediram a elas que rotulassem a emoção que as imagens evocavam, a atividade neuronal se transferiu da região da amígdala (centro das emoções) para o córtex pré-frontal (área do cérebro onde executamos nosso pensamento consciente e deliberado). Em outras palavras, reconhecer o estresse permite que você pause sua reação visceral e escolha uma reação mais calibrada.

Outro motivo para reconhecer e "enxergar" o estresse é que fugir dele é sempre contraproducente. Nossa pesquisa com Peter Salovey e Shawn Achor mostrou que indivíduos que consideram o estresse debilitante tendem a reagir de modo excessivo ou insuficiente a ele. Por outro lado, aqueles com o mindset "o estresse me faz crescer" têm uma resposta de cortisol mais moderada e são mais dispostos a procurar e a se abrir a feedbacks quando sob estresse, o que pode ajudá-los a aprender e a se desenvolver a longo prazo.

Mindfulness e outras práticas de foco podem ajudar você a reconhecer e a transformar sua reação à pressão. Cada pessoa tem uma resposta diferente. Você fica com o coração disparado? Músculos contraídos? Ou se identifica com a minoria que sente uma repentina vontade de dormir? Quais são suas reações psicológicas? Julgar? Culpar os outros (ou a si mesmo)? E quanto ao seu comportamento? Você abandona totalmente a conversa? Ataca a geladeira? Observar essas atitudes nos liberta e nos ajuda a mudar o foco para reações mais produtivas.

### Passo 2: Reconheça o estresse

O segredo para "reconhecer" o estresse é assumir que tendemos a nos estressar mais, e mais intensamente, em relação ao que é importante para nós. O estresse mostra que o que está em jogo conta. Essa compreensão libera motivação positiva – porque, bem no fundo, sabemos que as coisas importantes não vêm com facilidade. Uma metáfora que usamos com frequência para descrever esse estado é "uma noite fria e escura na encosta do Everest". Se você estivesse escalando o Everest, haveria noites frias e escuras na sua jornada até o topo. Mas você esperava que escalar o Everest fosse um passeio? Você espera mesmo que educar uma criança, administrar um negócio ou viver uma vida intensa seja fácil? Reconhecer o estresse não necessariamente eliminará as noites frias e escuras, mas é provável que elas se tornem um pouco mais toleráveis à medida que você descobre um senso de motivação e de significado.

"No treinamento dos SEALs", relatou o ex-comandante Curt Cronin, "o grupo militar de liderança projeta situações exponencialmente mais estressantes, caóticas e dinâmicas do que em qualquer operação de combate.

Fazemos isso para que as equipes aprendam a manter o foco [nelas mesmas] mesmo sob as circunstâncias mais árduas. Quando o estresse do treinamento parece insuportável, podemos identificá-lo, sabendo que, no fim das contas, é o que escolhemos fazer: ser parte de uma equipe que pode ser bem-sucedida em qualquer missão."

**Passo 3: Use o estresse**

Ao contrário do que se pode pensar, a reação de estresse corporal não foi projetada para nos matar. Na verdade, o objetivo evolucionário dessa reação era preparar o corpo e a mente para fazer frente às demandas com que nos deparamos. Sob estresse, ocorre uma descarga de hormônios como adrenalina e dopamina, os quais irrigam o cérebro e o corpo com sangue e oxigênio, numa reação que impulsiona o indivíduo para um estado de mais energia, mais alerta e foco aguçado. Embora a reação de estresse possa, às vezes, ser prejudicial, em muitos casos os hormônios induzem o crescimento e liberam substâncias químicas que reconstroem células, sintetizam proteínas e aumentam a imunidade, deixando o corpo ainda mais forte e saudável do que antes. Pesquisadores chamam esse fenômeno de prosperidade fisiológica, e qualquer atleta conhece as suas recompensas.

O problema, portanto, não está na reação de estresse em si, mas no que fazemos com ela. Reformular sua reação ao estresse transformando-a em algo benéfico pode ser útil. O pesquisador Jeremy Jamieson demonstrou que estudantes instados a repensar a ansiedade pré-exames como algo bom se saíram melhor nas provas. Alison Wood Brooks, professora da Harvard Business School, mostrou que converter ansiedade em empolgação pode melhorar o desempenho em tarefas como negociar e fazer um discurso importante.

Às vezes, porém, a melhor maneira de usar o estresse não é tão clara, especialmente em situações mais complexas ou de longo prazo. Considere um conflito duradouro com um cônjuge ou um chefe, uma condição de saúde difícil ou até mesmo a morte recente de um ente querido. O segredo nesses casos é estar aberto às oportunidades e ao aprendizado inerentes ao estresse. Vivenciar os desafios como parte da vida – ninguém passará por ela intocado pela tristeza ou por um coração partido – pode facilitar a aquisição de força mental, laços sociais mais profundos, consciência ampliada, novas perspectivas, senso de domínio, maior apreciação pela vida, significado e fortalecimento de prioridades. Alguns pesquisadores de liderança – com destaque para Abraham Zaleznik – tomaram por base o conceito de William James de personalidades "nascidas duas vezes" para argumentar que grandes líderes compartilham a experiência de ter vivenciado episódios traumáticos.

Isso é algo que a comunidade SEAL aprendeu em primeira mão nos últimos anos, à medida que suas missões de combate se tornaram mais frequentes. Segundo o comandante Cronin, "após vários anos de destacamentos seguidos, o transtorno de estresse pós-traumático continuou aumentando entre os SEALs. Aprender sobre crescimento pós-traumático, saber perguntar 'como essas experiências podem ser úteis para nós?', ser forçado a enxergar os episódios pelos quais tínhamos passado e usá-los para enriquecer o futuro provou ser uma ferramenta poderosa para ajudar pessoas, equipes e organizações a prosperarem, não apesar do estresse, mas por causa dele".

---

Como sociedade, fracassamos em enxergar o estresse como algo que potencialmente nos faz crescer e acabamos perdendo oportunidades de aprender e evoluir a partir de momentos estressantes. Não significa que todas as fontes de estresse sejam positivas. No entanto, defendemos que você abrace sua reação ao estresse como uma ferramenta poderosa para ajudar a superar os desafios inevitáveis da vida que podem – e vão – surgir.

**Publicado originalmente em setembro de 2015.**

7

# Como se recuperar de adversidades

*Joshua D. Margolis e Paul G. Stoltz*

AS COISAS ESTÃO INDO BEM, ENTÃO de repente um cliente importante telefona e diz: "Vamos mudar de fornecedor a partir do mês que vem. Sinto muito, mas sua empresa não está mais nos nossos planos." Três colegas que ingressaram na organização mais ou menos na mesma época que você estão sendo cotados para promoções, mas você não. Sua equipe perde mais uma pessoa talentosa em uma terceira rodada de demissões. Com os mercados em baixa ou não, você ainda precisa atingir suas metas, mas agora depende demais de dois colegas pouco cooperativos.

Em situações assim, como você reage? Fica com raiva ou decepcionado, reclamando e esbravejando? Sente-se desanimado e vitimizado, resignado com a situação apesar de negar a realidade fria? Ou você experimenta uma onda de empolgação – talvez com uma pontada de medo – porque sente que se trata de uma oportunidade de desenvolver suas habilidades e seus talentos de maneiras que nunca imaginou? É bem provável que você já tenha reagido de todas essas formas diante de um desafio – talvez até alternando estados emocionais ao lidar com um problema desse tamanho.

Seja qual for a sua reação, o desafio é transformar uma experiência negativa em produtiva – ou seja, enfrentar a adversidade com resiliência. Resiliência psicológica é a capacidade de reagir a crises de maneira rápida e construtiva. É uma dinâmica central na maioria das histórias de sobrevivência, como as das vítimas dos atentados do Onze de Setembro ou do furacão Katrina. Mas muitos motivos dificultam a construção da resiliência: depois de um revés grave, o medo, a raiva e a confusão podem ser paralisantes. Atribuir culpa em vez de criar soluções é uma tendência muito humana. Pior ainda, aqueles para os quais nos voltamos em busca de aconselhamento podem nos oferecer exatamente o tipo errado de conselhos.

Décadas de pesquisas em psicologia sobre tópicos como resiliência, desamparo aprendido, equacionamento de problemas e correlação entre estilo cognitivo e saúde confirmam que cada um de nós tem um padrão de pensamento distinto diante das reviravoltas da vida – inconsciente para a maioria das pessoas. Pode ser um reflexo de olhar em retrospecto para incidentes traumáticos, num esforço para explicar o que acaba de acontecer. Essa análise pode ser útil, com certeza, mas somente até o ponto em que emoções negativas fortes começam a nos tolher.

Acreditamos que gestores podem desenvolver altos níveis de resiliência em si mesmos e em suas equipes modulando o modo de pensar sobre adversidades. Gestores resilientes passam com rapidez da análise para um plano de ação (e de reação). Depois que uma adversidade se apresenta, eles mudam o foco: em vez de refletir sobre as causas, detêm-se sobre as respostas, olhando estritamente para o futuro. Ao trabalharmos com várias empresas e segmentos, identificamos quatro lentes através das quais as lideranças podem ver eventos adversos para promover a mudança de forma eficiente.

- **Controle.** Quando uma crise se instala, você investiga o que pode melhorar em vez de tentar identificar todos os fatores – até mesmo aqueles além do seu controle – que desencadearam o problema?
- **Impacto.** Você consegue se esquivar da tentação de encontrar as origens do problema em si mesmo ou em outros e, em vez disso, se concentrar em identificar os efeitos positivos de suas ações pessoais?

## Em resumo

**Resiliência psicológica** é a capacidade de reagir de maneira rápida e construtiva a uma crise, o que pode ser difícil quando o gestor está paralisado por medo, raiva, confusão ou por uma tendência a atribuir culpa a alguém.

**Gestores resilientes** logo abandonam o ato de dissecar interminavelmente eventos traumáticos e olham para o futuro, determinando o melhor curso de ação à luz da nova realidade. Eles compreendem o tamanho e o escopo da crise e os níveis de controle e de impacto que podem exercer em uma situação ruim.

Os autores descrevem um **programa de resiliência** – uma série de perguntas significativas elaboradas para ajudar gestores a substituir reações negativas por outras criativas e engenhosas e assim seguir em frente apesar de obstáculos reais ou percebidos.

- **Abrangência.** Você presume que a causa por trás da crise é específica e pode ser contida ou se preocupa com a possibilidade de ela lançar uma sombra duradoura sobre todos os aspectos da sua vida?
- **Duração.** Quanto tempo você acredita que a crise e suas repercussões durarão?

As primeiras duas lentes caracterizam a reação pessoal de um indivíduo a adversidades e as duas últimas capturam suas impressões sobre a magnitude da adversidade. Gestores devem considerar as quatro para compreender de forma plena suas reações instintivas a desafios pessoais e profissionais, contratempos ou fracassos.

Nas próximas páginas, descreveremos uma abordagem deliberada, em vez de reativa, sobre como lidar com dificuldades – o que chamamos de um *programa de resiliência*. Por meio de uma série de perguntas significativas, gestores podem compreender os próprios hábitos de pensamento e os das pessoas que respondem diretamente a eles. Dessa forma, podem ajudar a reformular eventos negativos de maneiras produtivas. Tendo as quatro lentes como guia, podem aprender a não se deixar paralisar por uma crise, a reagir com força e criatividade e a ajudar sua equipe a fazer o mesmo.

## Quando adversidades ocorrem

A maioria de nós segue os próprios instintos quando algo ruim acontece. Crenças e hábitos arraigados drenam a nossa energia e nos impedem de agir de forma construtiva. É comum que as pessoas caiam em uma de duas armadilhas emocionais. A primeira é a *deflação*. Alguém que obteve sucessos contínuos pode, com facilidade, se sentir um herói, capaz de solucionar qualquer problema por conta própria. A volta à realidade pode vir de um evento traumático. Mesmo para os menos heroicos entre nós, adversidades são capazes de disparar descargas intensas de emoção negativa – como se uma nuvem escura tivesse se instalado atrás dos nossos olhos, como descreveu um gestor. Podemos ficar decepcionados conosco ou com os outros, tristes e desanimados, até mesmo sitiados.

Foi o caso de uma executiva a quem chamaremos de Andrea, que liderava uma grande subsidiária de um fornecedor de peças automotivas dos Estados Unidos. Ela havia tolerado durante anos as brigas internas e a estrutura de custos calcificada da empresa. Com o tempo, conseguiu unir as facções em conflito – sindicatos, administração, engenheiros e profissionais de marketing – e obteve ampla aprovação para um plano que eliminaria fábricas antigas e reduziria custos impeditivos: em vez de tentar fornecer peças para todos os modelos e fabricantes, a organização se concentraria no mercado de caminhões. Andrea obteve apoio de todos para a criação de uma linha de produtos e a formulação de uma clara proposta de valor para os clientes que rejuvenesceria a marca. O futuro parecia brilhante.

Então, os preços dos combustíveis dispararam, a economia recuou e a demanda de todos os segmentos do mercado de caminhões evaporou quase de um dia para o outro. A recessão trouxe desafios incomensuráveis para a organização, e a forma súbita como tudo aconteceu deixou Andrea com a sensação de ter levado um soco no estômago. Depois de todo o esforço, das conversas difíceis e da elaboração de estratégias para solucionar os problemas anteriores, pela primeira vez em toda sua carreira ela se sentiu derrotada. Andrea carecia de resiliência justamente porque tinha um longo histórico de vitórias.

A outra armadilha emocional é a *vitimização*. Muitos de nós adotamos o papel de observador impotente diante de um evento adverso. "Aquelas pessoas" nos colocaram em uma posição lamentável, repetimos para nós mesmos (e para os outros). Negligenciamos tanto críticas quanto sugestões úteis e nos esforçamos para afirmar que estamos certos, que todos os outros estão errados e que ninguém nos entende. Enquanto isso, a insegurança pode se instalar, fazendo com que nos sintamos impotentes e cerceados pelas circunstâncias.

Greg, gerente sênior de desenvolvimento de negócios em uma empresa de acessórios eletrônicos, sentia-se exatamente assim. Ao longo de seus três primeiros anos na empresa, ele foi promovido várias vezes, assumindo responsabilidades cada vez maiores – primeiro por desenvolver a consciência da marca entre consumidores mais jovens e depois por construir novos relacionamentos (e conquistar mais espaço nas prateleiras) com grandes varejistas nos Estados Unidos e no Canadá. Conforme a concorrência global aumentou, porém, os colegas e superiores de Greg pediram que ele repensasse sua abordagem e questionaram se o varejo continuava sendo um canal viável de distribuição. Grandes lojas de departamento estavam espremendo suas margens de lucro, e atender fisicamente todas as contas da organização parecia caro demais em comparação com opções on-line. Greg reagiu às solicitações dos colegas se tornando cada vez mais defensivo e furioso.

Essas histórias ilustram a hidra de duas cabeças das adversidades contemporâneas. Primeiro, gestores de muito sucesso estão enfrentando, em rápida sucessão, desafios que nunca viram – uma crise econômica mundial, a globalização dos negócios, a ascensão de novas tecnologias, profundas mudanças demográficas. Desestimulados e impotentes, eles dão as costas para o problema e, infelizmente, para pessoas que poderiam ajudá-los. Em segundo lugar, mesmo que procurassem seus chefes em busca de orientação, o mais provável é que recebessem instruções inadequadas: a maioria dos supervisores, surfando as próprias ondas de sucessos conquistados com muito esforço, carece de empatia para intervir de forma eficaz. Talvez não saibam como aconselhar funcionários diretos que não veem como tão talentosos quanto eles eram. Também podem estar tão acostumados a lidar com adversidades minimizando o próprio estresse psicológico que não reconhecem os próprios maus hábitos. (Veja o quadro "Desenvolvendo a resiliência".)

## A capacidade de ter resiliência

Estudos independentes de psicologia e nossas próprias observações sugerem que a capacidade de se recuperar de adversidades depende de descobrir e desemaranhar as crenças implícitas que se tem sobre elas – e mudar a resposta.

A maioria de nós, quando experimenta um episódio difícil, faz suposições rápidas sobre suas causas, sua magnitude, consequências e duração. Decidimos instantaneamente, por exemplo, se a situação era inevitável, uma função de forças além do nosso controle, ou se, de alguma maneira, poderíamos tê-la evitado. Gestores precisam mudar deste tipo de pensamento reativo para um pensamento "ativo" sobre como reagir melhor, perguntando a si mesmos quais aspectos podem controlar, qual impacto podem gerar e como a abrangência e a duração da crise podem ser contidas. Três tipos de perguntas podem ajudá-los nesse processo.

*Perguntas específicas* ajudam gestores a identificar maneiras de intervir. Quanto mais precisas forem as respostas, melhor. *Perguntas visualizadoras* ajudam a desviar a atenção deles do evento adverso na direção de um resultado mais positivo. *Perguntas colaborativas* os obrigam a pedir o auxílio de outras pessoas – não em busca de afirmação ou de comiseração, mas para solucionarem problemas em conjunto. Cada tipo de pergunta pode esclarecer cada uma das quatro lentes do pensamento resiliente.

Reunimos os quatro grupos que formam o programa de resiliência. Vejamos melhor cada um deles.

### Controle

De acordo com diversos estudos – incluindo os de Bernard Weiner, da UCLA, e de James Amirkhan, da Cal State Long Beach, e o estudo clássico com executivos de Suzanne Ouellette e Salvatore Maddi, da Universidade de Chicago –, nossas reações a situações estressantes dependem do grau de controle que acreditamos poder exercer. Andrea teve dificuldades em saber se ainda conseguiria contribuir de maneira significativa para a empresa ou se as mudanças repentinas na economia tinham levado a situação para

## Desenvolvendo a resiliência

Muitas vezes, mesmo os gestores mais resilientes encontram dificuldades ao tentar fazer coach com subordinados em momentos de crise. Reagem organizando uma palestra motivacional – sem qualquer empatia ou entendimento do que ocorre – ou se limitando a ouvir com complacência e a assegurar que tudo vai ficar bem. Nenhuma dessas reações vai preparar os membros da equipe para lidar com o próximo imprevisto ou a reviravolta do dia seguinte. O melhor é adotar uma abordagem colaborativa e inquisidora, capaz de ajudar as pessoas a criar suas próprias opções e possibilidades.

Vamos supor que um funcionário procure você, o mentor dele, em busca de orientação para lidar com um revés profissional – digamos que ele tenha sido preterido numa promoção. Você poderia se limitar a acolhê-lo e ajudá-lo a formular uma resposta – indicando com quem ele deveria falar e em que ordem e sobre o próximo passo caso não obtenha as respostas que procura. No entanto, se fizer a ele perguntas específicas, visualizadoras e colaborativas, como "De que maneira você pode aprimorar seus esforços para causar um impacto mais imediato e positivo nesta situação?" e "Como os seus esforços nesse sentido vão afetar sua equipe e seus pares?", você devolve a bola para o seu funcionário. Não estará endossando nenhuma perspectiva em particular nem oferecendo respostas prontas, mas o estará ajudando a desenvolver a própria resiliência.

---

além do seu controle. Se Greg continuasse atribuindo as críticas à sua estratégia de varejo a "colegas maquinadores", fracassaria em ver o que estava a seu alcance para influenciar a estratégia de longo prazo da empresa ou o próprio destino. As perguntas a seguir podem ajudar gestores a identificar maneiras de exercer controle sobre o que acontecerá no futuro:

- **Específica:** Quais aspectos da situação posso influenciar diretamente para mudar o curso deste evento adverso?
- **Visualizadora:** O que o gestor que eu mais admiro faria nesta situação?
- **Colaborativa:** Quem na equipe pode me ajudar e qual a melhor maneira de engajá-los?

O objetivo dessas perguntas não é chegar a um plano de ação final ou a um entendimento imediato de como a equipe deveria reagir. Trata-se de gerar possibilidades, ou seja, desenvolver, de maneira disciplinada e concreta, um inventário do que *poderia* ser feito. (O próximo conjunto de perguntas pode ajudar gestores a delinear o que *será* feito.) Se Andrea tivesse feito a si mesma essas três perguntas, poderia ter identificado uma oportunidade de, digamos, unir a empresa em torno de dispositivos emergentes de segurança e de eficiência de consumo de combustíveis. Também poderia ter usado a desaceleração para aperfeiçoar lançamentos promissores da companhia, apresentando-os a grandes clientes. No caso de Greg, se ele tivesse realizado o exercício, poderia ter se lembrado de algo que seu mentor lhe dissera: "Não se trata de estar certo ou errado. Trata-se do que é melhor para a organização." Com isso em mente, Greg poderia ter enxergado os benefícios de pedir ajuda aos colegas e aos membros de sua equipe para avaliar novas abordagens *go-to-market*. A engenhosidade e a ética de trabalho que ele havia aplicado na construção do negócio de varejo poderiam ter sido canalizadas para desenvolver a próxima grande estratégia.

### Impacto

Nossas suposições sobre o que causou um evento negativo estão relacionadas às crenças quanto à nossa capacidade de reverter a situação: o problema começou conosco ou em outro lugar? Greg atribuiu as críticas à sua estratégia de distribuição varejista aos colegas "competitivos e sedentos de poder" em vez de às possíveis limitações da sua abordagem. Ele estava na defensiva. Além disso, se sentia impotente diante de desafios que nunca precisara enfrentar e de forças que eclipsavam sua iniciativa e seu esforço individuais. Em vez de ceder ao desânimo e à vitimização, gestores podem se concentrar nas maneiras de afetar o resultado do evento.

- **Específica:** Como posso agir para ter o impacto mais imediato e positivo nesta situação?
- **Visualizadora:** Que efeito positivo meus esforços podem ter nas pessoas ao meu redor?
- **Colaborativa:** Como posso mobilizar os esforços daqueles que estão parados?

Se tivesse se concentrado nestas questões, Greg talvez percebesse que não estavam lhe pedindo que abrisse mão de suas contas e que reconhecesse que sua estratégia era equivocada. Ele estava sendo escalado como um possível ator nos esforços de mudança da organização. Poderia ter compreendido que avaliar de maneira aberta e rigorosa sua estratégia de desenvolvimento de negócios talvez influenciasse os outros, quer sua avaliação validasse o status quo, quer levasse a uma solução em que ninguém ainda tinha pensado. Por fim, poderia ter reavivado a cultura empresarial que tanto valorizava quando entrou na empresa pedindo a opinião de outras pessoas sobre a estratégia de marketing. Por sua vez, Andrea sabia muito bem que a sorte da sua empresa dependia de condições econômicas, mas não conseguia ver como sua reação aos fracassos do mercado conseguiriam energizar a organização. Essas perguntas poderiam tê-la ajudado.

**Abrangência**

Quando nos deparamos com um contratempo, tendemos a supor que as causas são específicas daquela situação ou mais amplamente aplicáveis, como um veneno que contaminará tudo o que tocamos. Para construir resiliência, gestores precisam parar de se preocupar com o alcance das causas e, em vez disso, se concentrar em como limitar os danos. Estas perguntas podem até destacar oportunidades em meio ao caos.

- **Específica:** O que posso fazer para reduzir o lado negativo potencial deste evento adverso, ainda que somente 10%? Como é possível maximizar o lado positivo, ainda que somente 10%?
- **Visualizadora:** Quais forças e recursos eu e minha equipe desenvolveremos abordando este evento?
- **Colaborativa:** O que cada um de nós pode fazer por conta própria e coletivamente para conter os danos e transformar a situação em uma oportunidade?

Essas perguntas poderiam ter ajudado Andrea a atingir dois objetivos cruciais. Em vez de revisitar de maneira interminável as repercussões da queda nas vendas de caminhões, ela poderia ter identificado como usar a crise econômica para reconfigurar os processos de produção da empresa. E, em vez de se fixar em quanto os danos à organização eram terríveis e

## Uma mudança de mentalidade

Para fortalecer sua resiliência, gestores devem mudar de pensamento reativo e focado em causas para pensamento ativo e focado em reações.

| Pensamento focado em causas | Pensamento focado em reações |
|---|---|
| **Controle** | |
| Este evento adverso era inevitável ou eu poderia tê-lo evitado? | Quais características da situação posso melhorar (ainda que potencialmente)? |
| **Impacto** | |
| Eu provoquei o evento adverso ou ele é resultado de forças externas? | De que forma posso impactar positivamente o que acontecerá a seguir? |
| **Abrangência** | |
| A causa subjacente deste evento é específica a ele ou mais abrangente? | Como posso restringir os aspectos negativos da situação e gerar aspectos positivos que não estão visíveis neste momento? |
| **Duração** | |
| A causa deste evento é duradoura ou temporária? | O que posso fazer para começar a abordar o problema agora? |

extensos, poderia ter imaginado uma nova norma pós-recessão – prosperando apesar de recursos mais limitados, clientes mais seletivos e um escrutínio governamental mais minucioso. Se tivesse envolvido colegas e membros da equipe na reavaliação da estratégia de varejo, Greg poderia ter vislumbrado uma rara oportunidade de adquirir valiosas habilidades de liderança e insights relevantes sobre as estratégias de marketing da concorrência.

### Duração

Algumas dificuldades no local de trabalho parecem não ter fim – maus resultados trimestre após trimestre, conflitos recorrentes entre funcionários de níveis e setores distintos, economia estagnada. Perguntas sobre a duração do evento podem frear esses pensamentos desenfreados. Aqui, contudo, é importante usar como ponto de partida o resultado desejado.

- **Visualizadora:** Como quero que a vida seja depois que esta adversidade for superada?
- **Específica:** O que posso fazer nos próximos poucos minutos ou horas para seguir nesta direção?
- **Colaborativa:** Que caminho podemos elaborar como equipe e quais processos podemos desenvolver e adotar para superar esta dificuldade?

Greg tinha certeza de que as críticas à sua abordagem de desenvolvimento de negócios indicavam o pior cenário: promoções nunca mais, zero reconhecimento dos superiores por seu esforço e resultados tangíveis, nada a esperar além de cumprir ordens em uma empresa que estava semeando o declínio. As três perguntas poderiam ter ampliado suas perspectivas. Ou seja, ele poderia ter visto os benefícios de marcar logo reuniões com seu mentor (para obter conselhos pessoais) e com a sua equipe (para ter opiniões profissionais sobre estratégia). As perguntas também poderiam tê-lo ajudado a reunir informações para se posicionar a favor ou contra mudanças, além de sinalizar as análises que a equipe precisaria realizar e as questões sobre vários canais e abordagens de vendas que precisavam ser respondidas. Com esse exercício, talvez Greg tivesse enxergado um caminho viável para atravessar o desafio que enfrentava, renovando a confiança em seu potencial, e no de sua equipe, para manter a organização na vanguarda do atendimento ao cliente.

## Respondendo às perguntas

Embora os conjuntos de perguntas ofereçam uma estrutura útil para retreinar as reações dos gestores, apenas saber o que perguntar não basta. Você não se tornará mais resiliente apenas porque leu até aqui e criou uma anotação mental para fazer a si mesmo essas perguntas na próxima vez em que uma dificuldade desestabilizadora o atingir. Para fortalecer

## A pesquisa por trás do programa de resiliência

Nosso trabalho se baseou em duas correntes de pesquisa convergentes. A primeira examina como padrões de compreensão do mundo moldam as reações das pessoas a situações estressantes. Albert Ellis e Aaron Beck foram pioneiros nessa investigação, seguidos por Martin Seligman e Christopher Peterson, entre outros, a respeito do desamparo aprendido; Richard Lazarus e Susan Folkman sobre enfrentamento de dificuldades; e Lyn Abramson, David Burns e James Amirkhan sobre como "estilos atributivos" afetam a saúde. Mais recentemente, Karen Reivich e Andrew Shatté identificaram como as pessoas podem fortalecer a sua resiliência.

A segunda corrente, cujos pioneiros foram Suzanne Ouelette e Salvatore Maddi, com contribuições mais recentes de Deborah Khoshaba e Aaron Antonovsky, explorou o que diferenciava dois grupos de pessoas que se deparavam com estresse extremo. Um prosperava enquanto o outro afundava.

Uma descoberta comum emerge dessas duas correntes de investigação: a forma de abordar circunstâncias difíceis influencia tanto a capacidade do indivíduo de lidar com elas quanto, no fim das contas, seu sucesso e bem-estar.

---

sua capacidade de resiliência, você deve internalizar as perguntas seguindo dois preceitos simples:

**Anote as respostas**

Vários estudos sobre estresse e sobre como lidar com traumas mostram que o ato de escrever sobre episódios difíceis pode ampliar o bem-estar emocional e físico de um indivíduo. Na verdade, escrever proporciona à pessoa algum domínio sobre uma situação adversa, algo que não ocorre quando ela se limita a pensar sobre o assunto. É melhor tratar o programa de resiliência como um exercício de duração definida: reserve pelo menos 15 minutos, sem interrupção, para escrever suas respostas às 12 perguntas. Só você saberá se é muito ou pouco tempo – muito porque gestores raramente dispõem de tanto tempo assim para qualquer atividade, ainda mais para uma que envolva reflexões pessoais. Mas, na verdade, você acabará economizando tempo. Em vez de ruminar sobre os acontecimentos, permitindo que eles interrompam o seu trabalho, você terá soluções em andamento. À medida que começar a apreciar e a contar com esse exercício, 15 minutos parecerão pouco tempo.

**Faça todos os dias**
Quando você está aprendendo uma habilidade nova, a repetição é crucial. O programa de resiliência é um plano de longo prazo para entrar em forma, não uma dieta relâmpago. Você deve perguntar e responder a essas questões todos os dias para que elas se tornem naturais. Mas isso não acontecerá se maus hábitos as contaminarem. Você não precisa vivenciar um grande trauma para praticar o programa. Basta fazer a si mesmo as perguntas em reação a incômodos cotidianos que drenam sua energia – um voo atrasado, um computador lento, um colega indiferente. Você pode usar as quatro lentes em qualquer ordem, mas é importante começar com sua dimensão mais fraca. Se você tende a culpar os outros e a negligenciar o próprio potencial de contribuir, comece com as perguntas de impacto. Se costuma se preocupar com o desastre que resultará do evento adverso, comece com as abrangentes.

---

Sob pressão constante, a capacidade de resiliência dos executivos é crucial para manter sua saúde física e mental. Paradoxalmente, contudo, é nos momentos difíceis que desenvolvemos melhor a resiliência – ao nos depararmos com os desafios mais complicados, com o maior risco de falhar ou com dificuldade para enxergar as oportunidades. Um motivo a mais, portanto, para usar o programa de resiliência a fim de conter reações improdutivas a adversidades, substituir negatividade por criatividade e engenhosidade, além de fazer o que deve ser feito apesar de obstáculos reais ou imaginários.

**Publicado originalmente em janeiro-fevereiro de 2010.**

# 8
# Recuperando-se de reveses na carreira

*Mitchell Lee Marks, Philip Mirvis e Ron Ashkenas*

BRIAN ERA UM ASTRO EM ASCENSÃO. Ele avançou por várias posições de gestão de nível sênior e foi logo indicado para liderar uma unidade de negócios, reportando-se diretamente ao CEO. No entanto, após cerca de dois anos na função e resultados financeiros maravilhosos, seu chefe o demitiu. Disseram a Brian que a empresa buscava se tornar mais aberta, engajada e global, e que seu estilo de liderança agressiva não refletia tais valores.

Assim como a maioria dos gestores ambiciosos que enfrentam reveses na carreira, Brian passou por um período de choque, negação e insegurança. Afinal, ele nunca tinha fracassado. Teve dificuldade em aceitar que não era tão bom quanto costumava pensar. Também ficou irritado e com raiva por seu chefe não ter lhe dado uma chance de provar seu valor. Finalmente, contudo, reconheceu que não poderia reverter a decisão e resolveu olhar para a frente. Ninguém da sua equipe se opôs à sua demissão, portanto ele estava particularmente interessado em descobrir como fomentar lealdade em futuros funcionários.

Em poucos meses, uma grande empresa de componentes industriais, impressionada com a capacidade inquestionável de Brian de atingir metas financeiras, recrutou-o para liderar um departamento. O emprego era um degrau abaixo do seu cargo anterior, mas ele decidiu aceitá-lo para experimentar maneiras diferentes de trabalhar e liderar, aprender a controlar melhor as emoções e conquistar o apoio da equipe. Valeu a pena: menos de três anos depois, outra organização – desta vez, da lista Fortune 500 – contratou-o como CEO. Durante seus sete anos no cargo, ele dobrou o faturamento da empresa e desenvolveu uma cultura que equilibrava inovação com um foco disciplinado em produtividade e desempenho.

É claro que nem todos podem passar de uma situação de desemprego a outra como CEO de uma grande empresa. Contudo, em mais de 30 anos entre pesquisas e consultorias para clientes executivos, descobrimos que uma lição da história de Brian se aplica de maneira quase universal: até mesmo um grande fracasso na carreira pode se tornar um trampolim para o sucesso se você reagir da maneira certa. Para virar a mesa como ele fez, concentre-se em algumas tarefas fundamentais: determinar por que você perdeu, identificar novos caminhos e agarrar a oportunidade certa quando ela estiver ao seu alcance.

### Descubra por que você perdeu

Entrevistamos centenas de executivos que foram demitidos, cortados ou preteridos em promoções (como resultado de fusões, reestruturações, competição pelos melhores cargos ou fracassos pessoais). Com frequência, passavam pelos estágios clássicos da perda definidos pela psiquiatra Elisabeth Kübler-Ross: primeiro, choque e negação diante dos acontecimentos, seguidos por raiva da empresa ou do chefe; tentativa de barganhar seu destino; e um longo período de recuperação e de autoquestionamento sobre se algum dia conseguirão recuperar o respeito dos colegas e da equipe. Muitos nunca chegam ao estágio de "aceitação".

Isso ocorre em parte porque, como os psicólogos sociais descobriram ao longo de décadas de estudos, aqueles que realizam grandes feitos geralmente exigem crédito em excesso por seus sucessos e atribuem a fatores externos a culpa por seus fracassos. Trata-se de um tipo de viés de atribuição que protege a autoestima, mas também impede o aprendizado e o crescimento. As pessoas se concentram em fatores situacionais ou em políticas da empresa em vez de examinar os próprios papéis no problema.

Alguns pedem feedback sincero, mas a maioria se volta para amigos, parentes e colegas solidários que reforçam sua autoimagem ("você merecia aquele emprego") e alimentam seu senso de injustiça ("você tem todo o direito de estar com raiva"). Isso os impede de avaliar a própria culpa e de se libertar do comportamento destrutivo que os desvia dos trilhos. Também pode levá-los a reduzir seus esforços e suas expectativas futuras no ambiente de trabalho.

Aqueles que dão a volta por cima após fracassos profissionais têm uma postura bastante diferente. Em vez de se afundar na tristeza ou na culpa, eles investigam ativamente como contribuíram para o que deu errado, analisam se avaliaram bem a situação e se reagiram de maneira apropriada e se perguntam o que fariam de diferente se tivessem a oportunidade. Além disso, correm atrás de muitos feedbacks (inclusive de superiores, colegas e subordinados), deixando claro que querem avaliações honestas, e não consolo.

Brian, por exemplo, precisou de conversas francas e um pouco dolorosas com o chefe, vários funcionários diretos e alguns colegas de confiança para descobrir que tinha desenvolvido a reputação de ser difícil e de nem sempre controlar as próprias emoções. Isso limitava sua carreira.

Vejamos também Stan, sócio sênior em uma consultoria especializada que estava considerando crescer globalmente. Defensor fervoroso do plano de expansão, ele esperava dirigir o novo escritório da companhia em Londres. Quando outro sócio foi escolhido, Stan ficou furioso: cultivou a raiva por algumas semanas, até que resolveu adotar uma abordagem mais produtiva e agendou reuniões individuais com membros do comitê executivo da empresa. No começo de cada sessão, explicava que não estava tentando reverter a decisão: só queria entender o porquê. Stan tomava cuidado para não parecer amargurado nem falar mal do processo ou dos envolvidos. Mantinha um tom positivo, confiante, e expressava disposição para aprender com os seus erros.

Em retribuição, o comitê executivo fez comentários coerentes e úteis: eles consideravam sua agressividade uma vantagem nos Estados Unidos, mas temiam que pudesse atrapalhar a captação de clientes e a administração de um escritório na Inglaterra. A reação inicial de Stan foi defensiva. "Ninguém se importava com a minha agressividade quando ela servia para fechar contratos", pensou. Mas ele conteve tais sentimentos e logo aprendeu a apreciar a sinceridade. "Não estavam pedindo que eu mudasse", refletiu Stan, "mas deixaram claro que meu estilo atrapalhou aquela oportunidade."

### Identifique novos caminhos

O passo seguinte é pesar objetivamente o potencial para transformar sua derrota em uma vitória, seja em um novo papel na sua organização, seja mudando para uma nova companhia ou trocando de indústria ou até de carreira.

Para transformar perdas em oportunidades é preciso pensar muito sobre quem você é e o que você quer. Pesquisas mostram que o escapismo é uma reação comum que afasta as pessoas dos trilhos na carreira – elas podem viajar para se afastar dos seus problemas, mergulhar em trabalho inútil, exagerar na bebida ou na comida ou ainda evitar discutir ideias e planos com familiares e amigos. Embora esses comportamentos possam proporcionar espaço mental para organizar as coisas, quase nunca levam a uma transição produtiva. É mais eficaz se engajar em explorar de maneira concentrada todas as opções disponíveis.

Novas oportunidades não costumam se apresentar de imediato, é claro, e pode ser difícil detectá-las no meio da névoa de raiva e decepção nos primeiros dias depois de um revés. Estudos do especialista em gerenciamento de mudanças William Bridges destacam a tensão que as pessoas sentem quando estão divididas entre se prender às suas identidades e expectativas atuais e abandoná-las de vez. Líderes aos quais prestamos consultoria descrevem essa fase como uma "zona do crepúsculo": o status quo foi fatalmente atingido, mas ainda não é possível saber como terão sucesso no futuro.

Exatamente por isso é útil dedicar tempo a testar algumas ideias sobre os próximos passos. Um coach ou um terapeuta pode ajudar a esclarecer objetivos e trabalhar no seu desenvolvimento pessoal. Outra opção é tirar uma licença temporária do seu emprego para voltar a estudar ou experimentar uma carreira em outras áreas de interesse, como uma startup ou uma organização sem fins lucrativos. Uma pausa breve pode abrir portas para que encontre um novo significado no seu revés.

Lembre-se de como Brian reagiu quando foi demitido de sua posição como líder de uma unidade de negócios: ele passou a considerar posições inferiores que lhe proporcionariam espaço para transformar seu estilo de liderança. Ou vejamos Paula, que conhecemos durante uma pesquisa sobre a resiliência de executivos de publicidade on-line envolvidos em reestruturações. Quando o CEO de sua empresa de alta tecnologia anunciou uma reformulação corporativa, Paula se sentiu relativamente segura. Afinal, a unidade de negócios europeia que ela liderava tinha atingido ou excedido suas metas por 11 trimestres seguidos, e ela fora promovida três vezes em cinco anos. No entanto, ela descobriu que sua posição seria eliminada.

Inicialmente, Paula culpou tudo, das políticas da empresa ao fracasso do chefe em proteger a ela e sua equipe. Três meses após o anúncio, em seu último dia, Paula não tinha nem queria fazer nenhum plano de imediato. Em vez disso, passou algum tempo analisando a vida e a carreira. Procurou amigos e parceiros de negócios "não para networking" (palavras dela), mas com a finalidade de obter perspectivas e conselhos para pensar sobre seus objetivos. Paula refletiu sobre cada conversa, tomou notas e, por fim, desenvolveu o que chamou de "quatro temas para meu próximo emprego": ela queria levar novos produtos para o mercado (em vez de relançar ofertas dos Estados Unidos em outras regiões), interagir de modo mais direto com os clientes, trabalhar para uma companhia com uma proposta de valor única e ter colegas dos quais gostasse e em quem confiasse. Então Paula refinou sua busca por emprego para atingir esses objetivos.

## Agarre a oportunidade certa

Depois de identificar os próximos passos possíveis, é hora de escolher um. Isso pode ser um pouco assustador, especialmente se você está se aventurando em uma carreira desconhecida. Reimaginar sua identidade profissional é uma coisa; dar vida a ela é outra. Lembre-se, porém, de que você não deixou suas habilidades e sua experiência para trás: elas vão acompanhá-lo no seu próximo trabalho, assim como os aprendizados do revés recente. Pode ser também que você tenha reavaliado de maneira produtiva sua visão sobre o que é sucesso.

Pesquisas que conduzimos em conjunto com o especialista em carreiras Douglas (Tim) Hall mostram que necessidades e prioridades podem mudar de modo radical com o tempo – assim como crianças nascem, crescem e saem de casa; depois de um divórcio ou da morte de um dos seus pais; quando sonhos antigos se dissipam na meia-idade e novos surgem; ou quando perspectivas e habilidades ficam datadas e novos desafios de crescimento nos chamam. Portanto, escolher a oportunidade certa tem muito a ver com o momento em que você a estiver procurando.

A história de Paula é um caso interessante. A lista de "exigências" dela a levou a ser entrevistada e contratada para uma posição mais sênior, como vice-presidente de vendas internacionais, em uma firma menor na mesma indústria. O emprego era na cidade europeia onde ela já morava e na qual queria permanecer.

Brian desceu um degrau na carreira, mas aproveitou a oportunidade para se tornar um profissional melhor. Ele desenvolveu uma compreensão dos gatilhos que o faziam se comportar de maneira improdutiva no passado e criou estratégias de superação. Por exemplo, em vez de repreender subordinados quando faziam algo inadequado, ele aprendeu a ter discussões off-line com os gestores importantes. Depois de alguma prática, essa abordagem moderada logo ficou mais natural para ele.

Bruce, gerente de TI sênior de um banco de Nova York que passou por uma fusão, é outro exemplo. Ele manteve o emprego depois da operação, mas ficou arrasado por não ter sido promovido à posição de liderança em sua área. Permaneceu na empresa durante a integração, mas, depois de um ano repensando seus objetivos pessoais e de carreira – e considerando vários trabalhos –, mudou-se com a família para Austin, Texas, e ingressou em uma pequena firma de tecnologia muito bem-sucedida. Igualmente importante, ele também encontrou tempo para ser o técnico dos times de futebol dos dois filhos e para dar vazão à sua paixão pela música como guitarrista de uma banda local.

Assim como Paula e Brian, Bruce empreendeu um rigoroso trabalho de descoberta depois do seu revés – e então agiu com convicção. Mudou-se para outra cidade, outra indústria e outro emprego que lhe permitiriam se reeguer e prosperar.

Para executivos que decidem permanecer no emprego, a maior mudança pode ocorrer no mindset ou no engajamento psicológico. Foi o que aconteceu com Stan na empresa-boutique: com uma noção mais clara de como os colegas o viam, ele abraçou seu papel de líder que trazia muitos contratos para a empresa e passou a desfrutar melhor a renda, o status e os benefícios que vinham a reboque. Ele também descobriu uma nova fonte de satisfação e realização: ser o mentor da nova geração de talentos em sua área.

Uma mudança de perspectiva dessa magnitude exige tanta energia quanto trocar de empresa ou de carreira. Se você não é capaz de mergulhar no seu trabalho atual com garra renovada, como fez Stan, pode canalizar esforços para vida familiar, trabalhos voluntários ou hobbies, consciente de que ter uma vida pessoal rica pode ser um contrapeso à altura de não ser o número um na sua equipe ou organização.

---

Todos sabemos a importância da resiliência e da adaptabilidade quando se trata de sucesso na carreira. Como nem todos desenvolvem essas qualidades com facilidade ou naturalidade, é muito útil ter passos claros a seguir depois de um revés. A abordagem descrita aqui pode ajudar a transformar a raiva e a insegurança associadas ao fracasso em entusiasmo diante de novas possibilidades.

Publicado originalmente em outubro de 2014.

# 9
# A matéria de que somos feitos

*Glenn E. Mangurian*

**AQUELES QUE SOBREVIVERAM A UM EVENTO TRAUMÁTICO** que mudou suas vidas costumam experimentar um sentimento curioso: mesmo que pudessem, não mudariam o passado. Algumas pessoas emergem de adversidades – seja uma crise na carreira, um término de relacionamento catastrófico ou um diagnóstico assustador – não somente transformadas, como também mais fortes e contentes. Parecem ter descoberto uma nova paz e até um otimismo até então desconhecido. É tentador pensar nessa reação em termos de fazer dos limões uma limonada. Há não muito tempo, eu teria feito o mesmo.

Em 26 de maio de 2001, sofri uma ruptura de disco que pressionou minha medula espinhal, paralisando a metade inferior do meu corpo em caráter permanente. Fui submetido a duas longas cirurgias e passei dois meses da minha vida em um hospital de reabilitação em Boston, além de quatro anos fazendo fisioterapia. Foi o tipo de experiência que ninguém pode prever. Eu era saudável e estável na minha carreira como consultor de gestão e, em um instante, minha vida foi totalmente transformada e tomada por incertezas. No início senti medo e dores intensas; depois, raiva e tristeza por ter perdido o movimento das pernas. Também ficou claro para mim que não somente minha vida seria alterada: eu tinha esposa e dois filhos, cujas vidas mudariam para sempre e que precisariam abandonar alguns dos próprios sonhos.

Sem dúvida, a paralisia foi a pior coisa que me aconteceu. Atravessei dias sombrios, e a vida é uma luta constante. Ao mesmo tempo, a experiência me permitiu avaliar tudo o que tenho e redescobrir alguns aspectos que acabei negligenciando. Tornei-me mais objetivo para me concentrar no que de fato importa. Durante o tempo que passei no hospital, encontrei forças para aceitar que minha vida antiga não existiria mais e decidi que renasceria em outra vida igualmente significativa, com base nas minhas experiências e no afeto da minha família e dos amigos. Com o tempo, não apenas voltei a prestar consultoria, mas também me envolvi em empreendimentos que não teriam me ocorrido antes, como defender pesquisas com células-tronco.

É lugar-comum dizer que o que não nos mata nos fortalece, e a maioria das pessoas pode aceitar que, de modo geral, isso é verdade. E quanto ao "estar melhor agora"? Já fica mais difícil de explicar. No meu caso, apesar da frustração de estar em uma cadeira de rodas, posso dizer honestamente que minha vida é boa e que estou mais em paz do que antes. Como é possível? Sei que tive sorte por sobreviver à fratura na medula e que dispunha de recursos para o tratamento, mas também acredito que nascemos com uma capacidade renovável de resiliência – um poder inerente de se curar, de regenerar e crescer além de nossos limites conhecidos.

Resiliência é uma das qualidades cruciais para os líderes de negócios, mas muitas pessoas a confundem com resistência. Com certeza, resistência é um aspecto da resiliência, pois permite que pessoas separem emoção das consequências negativas de escolhas difíceis. Pode ser uma vantagem nos negócios, mas só até certo ponto. A resistência pode criar uma armadura que repele a emoção e é capaz de nos desconectar de muitos dos recursos necessários para nos recuperarmos – me refiro em especial ao convívio com as pessoas ao redor. Resiliência, por outro lado, não significa evitar desafios, mas absorvê-los, de forma a se reorganizar para ficar ainda mais forte do que antes. Não há como nos prepararmos para experiências que mudam vidas, o que costuma ser difícil para executivos aceitarem; executivos amam prever cenários e planejar suas reações. Essas experiências tendem a acontecer do nada, quando é tarde demais para se preparar. Contudo, é possível viver a vida de uma maneira que nos permita aceitar os reveses à medida que ocorrem, seguir em frente e encarar novas possibilidades.

Desde a minha doença, tive a oportunidade de lapidar a resiliência do meu próprio ponto de vista, assim como por meio de muitas conversas com líderes e outras pessoas que passaram por experiências transformadoras. Tenho a esperança de que, compartilhando minha história, eu possa mostrar que é possível ter um novo futuro depois de uma adversidade. Aqueles que estão enfrentando os desafios do cotidiano talvez possam analisar algumas das lições que aprendi para obter insights sobre como se preparar para o pior.

### Escolha seguir em frente

Aceitar adversidades e seguir em frente não é fácil e pode levar tempo. Você não precisa gostar do que aconteceu, só precisa decidir que pode viver com isso. Bem no começo, resolvi que eu poderia viver sem usar as minhas pernas. Ainda bem, pois não podia mudar o passado. Era melhor me concentrar em coisas sobre as quais eu tinha de fato algum controle – por exemplo, como eu seguiria em frente e viveria uma vida plena?

Todas as pessoas que conheço e que passaram por uma grande crise conseguem se lembrar do momento exato em que escolheram aceitar o que aconteceu e seguir em frente. Elas se lembram de onde se encontravam, o que vestiam, quem as acompanhava, como estava o clima, todos os detalhes. Para mim, o momento determinante veio depois daquelas primeiras semanas desoladoras no hospital. Eu estava deitado na cama, olhando pela janela, e disse para mim mesmo que ainda tinha muito a oferecer. Embora tivesse novas limitações físicas, meu cérebro funcionava a todo vapor. Como eu havia desempenhado vários papéis de liderança antes da doença, talvez no futuro eu pudesse liderar pelo exemplo – ou seja, demonstrando a capacidade de recuperação depois de enfrentar adversidades. Até pensei em escrever um artigo sobre a minha experiência para a *Harvard Business Review*.

O importante não é que este detalhe específico tenha acontecido, e sim que era uma imagem concreta e positiva representando o que poderia ser parte do meu novo futuro, mesmo que eu ainda não soubesse como chegaria lá.

Se consegui deixar o passado para trás sem arrependimentos, devo isso às manifestações efusivas de apoio da minha família e de amigos. Eles me mostraram que minha antiga vida já tinha provado seu valor e feito diferença. Todos já apoiamos um parente, um amigo, um colega ou até mesmo um desconhecido em um momento de necessidade. Tocamos as vidas das pessoas, mas nem sempre percebemos quanto. É fácil subestimar o impacto que produzimos, mas as pessoas reparam e se lembram. Em meus primeiros meses no hospital, recebi algumas centenas de cartões, mais da metade enviada por pessoas que eu conhecera ao longo de meus 20 anos de trabalho como consultor na CSC Index. As cartas eram humildes e gratificantes. Nenhuma delas expressava somente pesar e apoio. Todas traziam parágrafos relembrando nossos momentos juntos e ocasiões nas quais ajudei aquelas pessoas de alguma maneira – simples atos de gentileza que se tornaram memórias. Eu já até tinha me esquecido daqueles casos. As cartas recordavam conversas profundamente pessoais, algumas de uma década antes ou mais. Um homem escreveu sobre nosso encontro em Minnesota, a trabalho, quando ele atravessava um divórcio, e disse que eu tinha sido uma fonte de conforto para ele. Outro escreveu que jamais se esqueceria de quando voei para Chicago para jantar com ele depois de ser demitido de um emprego no qual passara 20 anos.

A sensação ao ler aquelas cartas foi de estar presente no meu próprio velório. Poucas pessoas conseguem ouvir o que os outros dizem delas como aconteceu comigo. Fiquei emocionado, é claro, porém o mais importante é que foi libertador saber que eu tinha feito tanta diferença na vida delas e que não precisava mais provar aquilo. E, felizmente, eu ganhara a oportunidade de levar comigo todas aquelas experiências e relacionamentos para minha nova vida.

Teria sido impossível superar o trauma e manter a esperança sem uma comunidade que se importasse comigo. Para sobreviver, você precisa de pelo menos uma pessoa que de fato acredite, alguém que tenha fé na sua capacidade de recuperação mesmo quando você próprio a perde. Foi uma sorte contar com meus filhos e minha esposa, cujo heroísmo não detalharei aqui porque só isso já renderia um livro inteiro. Nem todos têm laços familiares fortes, e uma crise é uma prova de fogo, particularmente se já são tênues. As cartas que recebi serviram como um lembrete de que qualquer um pode criar uma comunidade que se importa, em qualquer contexto, mesmo no trabalho. As pessoas vão se importar se você se importar com elas de verdade.

## Obtenha perspectiva

Quando sofremos uma perda repentina, nossa rotina é interrompida e nossa mente busca atribuir um sentido ao que aconteceu. No início, eu tinha muito tempo para pensar e refleti sobre as injustiças da vida, que eu experimentara em primeira mão. Por que isso aconteceu? Por que eu? O que eu poderia ter feito para evitar? A quem posso culpar?

Eu também estava consumido por indagações sobre o futuro. Conseguiremos continuar morando na nossa casa? Será possível mandar os filhos para a faculdade? E quanto às minhas responsabilidades? Serei capaz de trabalhar? Qual será meu salário? Às vezes, minhas emoções distorciam minha percepção da realidade. Eu me imaginava como um sem-teto, obrigado a vender bugigangas na esquina.

No fim das contas, percebi que é inútil desejar mudar o passado e que é avassalador pensar obsessivamente no futuro. Também compreendi que aquele "por que eu?" é uma pergunta natural, ainda que sem resposta. Coisas assim podem acontecer com qualquer um. Portanto, decidi investir minha energia no presente, em melhorar. Nesse ponto, creio que a minha experiência de trabalho me ajudou a obter perspectiva, porque eu tinha orientado executivos durante grandes mudanças organizacionais. Às vezes, eu via pessoas experientes e capazes perderem o emprego no processo. Via o que elas passavam e via que se recuperavam.

Durante o período em que fiquei no hospital, fui lembrado de que sempre há pessoas em situações piores do que a sua. Eu estava em uma ala de reabilitação com outros 14 pacientes. Quatro eram adolescentes. Quando os pais iam visitá-los, era possível ver a tristeza estampada no rosto deles. Havia uma garota de 17 anos que perdera o movimento dos braços e das pernas depois de um acidente de mergulho. Refleti: "Tenho 52 anos.

Construí uma ótima carreira. Estou casado há duas décadas com uma mulher amorosa e temos dois filhos maravilhosos. Por que deveria sentir pena de mim mesmo?"

### Recrie a sua identidade

Uma crise desafia sua noção de identidade. Se você é demitido, questiona suas capacidades profissionais. Se um ente querido morre, você perde um relacionamento determinante. Uma crise física como a minha rouba alguns dos elementos básicos da independência. Uma das primeiras tarefas na construção da minha nova vida foi resgatar a dignidade e a identidade.

Tive dificuldades com isso desde o primeiro dia no hospital. Eu estava tão acostumado a ser independente que achava difícil pedir ajuda – eu queria ser capaz de fazer as coisas dentro da minha própria programação em vez de esperar o momento mais conveniente para os outros. Com certeza, não queria me tornar uma obrigação ou um fardo para minha família. Eu tinha uma imagem transitória e degradante de mim mesmo como o novo bicho de estimação da casa. ("Quem vai levar o cachorro para passear? Eu levei ontem à noite. É a sua vez.") Era uma imagem absurda, mas representava uma reação visceral e emocional à minha capacidade física reduzida.

Entreouvir profissionais de jalecos brancos discutirem sobre mim aos sussurros, como se eu fosse um estudo de caso, aumentava a frustração. Depois de anos analisando e falando sobre outras pessoas e organizações, me dei conta de que eu *era* um estudo de caso. Portanto, comecei a me impor participando das conversas e dando a minha opinião, até mesmo contribuindo com ideias sobre como o hospital poderia ser mais bem administrado. Era a minha maneira de dizer: "Não sou somente um corpo. Tenho um ponto de vista, algo a contribuir."

Apesar do otimismo e da determinação, minhas primeiras experiências em público foram difíceis. A maioria das pessoas tem contato limitado com deficientes físicos. Para algumas, estar numa cadeira de rodas é motivo de destaque – como se todos os holofotes se virassem sobre mim. Mas também posso ser facilmente ignorado. Primeiro, não estou no mesmo nível dos olhos dos outros a menos que eles estejam sentados. Segundo, muitas pessoas têm noções preconcebidas sobre as limitações dos cadeirantes. Aprendi a contrabalançar minhas desvantagens físicas sendo mais extrovertido e assertivo. Agora, puxo papo o tempo todo. Quero demonstrar que ainda tenho algo de valor a oferecer. Até hoje, às vezes minha energia surpreende. É difícil para os outros conciliar o que esperam e o que veem e ouvem.

No começo a transição foi desconfortável. Precisei aceitar que não retornaria à minha antiga vida, mas ainda não sabia em quem estava me transformando. Mesmo assim, estar entre os dois lugares era libertador. Eu me recusava a impor limites a mim mesmo.

O novo eu é motivado e destemido – às vezes, sinto que sou invencível. Quando vejo uma oportunidade de participar, não peço permissão; apenas mergulho de cabeça. Digo para mim mesmo: "O que de pior poderia acontecer? Já estive no fundo do poço e hoje estou bem."

### Eleve o nível

Sempre tive uma inclinação para altas ambições. Fui um dos primeiros na família a ingressar na universidade, o que me abriu portas até então desconhecidas. Depois, na CSC Index, nosso serviço de consultoria estimulava os clientes a atingir objetivos cada vez mais agressivos, e testemunhei resultados muito impressionantes. Portanto, durante a reabilitação, decidi que não comprometeria minhas ambições. Em vez disso, eu elevaria o nível: se consigo sobreviver a esse problema, o que mais sou capaz de fazer? Minha primeira vitória foi sobreviver. Era hora de encontrar uma nova maneira de liderar.

Quando saí do hospital, logo me mobilizei para retomar minha vida profissional. Com 30 anos de experiência em consultoria, eu sabia que ainda poderia contribuir com algo útil. As condições mudariam, pois teria de levar em conta as limitações físicas. Cerca de 18 meses antes, eu tinha saído da minha antiga empresa e, com um sócio, fundado uma nova firma. Eu cuidava do marketing, um papel que exige muita atividade, especialmente em uma startup. Depois do problema de saúde, porém, eu não tinha energia para mergulhar de cabeça, não de imediato, por isso meu sócio e eu decidimos que meu envolvimento seria discreto. O que fazer então?

## Sabedoria por meio de adversidades

Um evento traumático nos obriga a repensar nossa vida e nossas crenças. Desde a minha ruptura de disco, falei com diversas pessoas que tinham passado por crises, e certos temas surgiram repetidamente. Alguns são truísmos que ouvimos desde a infância, mas eles não se entranham de verdade até enfrentarmos um desafio sério à nossa identidade. A seguir, resumi algumas lições que aprendi.

**Ninguém sabe o que acontecerá amanhã – e é melhor que seja assim.**
Se soubéssemos tudo o que nos aguarda de bom e de ruim, provavelmente nos concentraríamos em evitar as coisas ruins. É muito mais recompensador dedicar energia ao presente.

**Não podemos controlar o que acontece, mas podemos controlar como reagimos ao que acontece.**
Pessoas bem-sucedidas estão acostumadas a estar no controle, mas adversidades nos atingem sem aviso. A única maneira de influenciar o resultado é se concentrando nas coisas que temos o poder de controlar: as escolhas que fazemos em resposta aos acontecimentos da vida.

**Adversidades distorcem a realidade, mas cristalizam a verdade.**
Elas reforçam nossos medos, mas também enfatizam o que importa neste instante. Adversidades também lançam luz sobre as nossas crenças: elas mostram o que é

Mais uma vez, a rede que cultivei ao longo da carreira provou-se inestimável. Fiz minha primeira aparição pública significativa durante uma reunião de ex-funcionários da CSC Index. O anfitrião me convidou a dizer algo e pedi que todos se sentassem – o que fizeram, a maioria no chão. Tive a oportunidade de dizer quanto o apoio deles significara para mim e, como estavam sentados, não precisei olhar para cima para ver seus rostos. Foi muito emocionante.

Nove meses depois do problema de saúde, conduzi duas sessões de *brainstorming*, cada uma com oito ou nove pessoas nas quais eu confiava, uma das quais atuou como facilitadora. O objetivo era me ajudar a refletir sobre o que eu poderia fazer profissionalmente a partir daquele momento. Começamos com a ideia de que a minha condição médica poderia ser uma importante, quem são nossos amigos, do que somos capazes e quais são nossos verdadeiros objetivos e ambições.

**As perdas aumentam o valor do que permanece.**
Elas nos pressionam (e podem até nos forçar) a avaliar o que temos, permitindo que nos libertemos de questões insignificantes ou irrelevantes e celebremos o que conquistamos.

**É mais fácil ter novos sonhos do que se prender a sonhos frustrados.**
Adversidades alteram relacionamentos e podem até arruiná-los. Elas destroem alguns sonhos e nos distanciam de outros. Certas coisas serão perdidas irrevogavelmente, e é tolice fingir o contrário. Mas os reveses também proporcionam a oportunidade de se desfazer de antigos sonhos e abrir espaço para os novos.

**A felicidade é mais importante do que corrigir injustiças.**
Raiva é uma reação normal a um evento traumático, mas tentar apontar culpados ou buscar justiça é desgastante e geralmente inútil. É mais produtivo abandonar a raiva e seguir em frente com a vida.

plataforma de acesso a novas pessoas e uma maior credibilidade para transmitir uma mensagem sobre realizações. Eu não queria me limitar a prestar consultoria para crises. Esperava usar a minha experiência para ajudar outros a concretizar suas ambições, ainda que tivessem limitações. Eu também buscava oportunidades de negócios mais tradicionais. Chegamos a uma série de possibilidades, desde aconselhar hospitais sobre como ajudar pacientes a retomar a vida após a alta a treinar executivos empenhados em tornar suas equipes, e a si mesmos, mais ambiciosos. Cada ideia era escrutinada pelo prisma do interesse e do enriquecimento pessoais, da viabilidade e do potencial de renda.

Cerca de seis meses depois, um ex-colega me convidou a ingressar em um projeto de consultoria que ele assumira, ajudando um grupo de executivos seniores a fundar uma empresa que tinha o público *baby boomer* como alvo. O trabalho era interessante, mas o que mais importava para mim era me reconectar com o mundo dos negócios. No início, um dia inteiro de trabalho era fisicamente exaustivo, e só chegar lá – dirigir do centro de Boston até o local, encontrar uma vaga para estacionar e ir de cadeira de rodas até o escritório – era muito estressante. Mas eu estava entusiasmado por voltar a trabalhar. Dizia para mim mesmo: "Ainda sou capaz."

Desde então, descobri muitas causas para as quais posso contribuir com o meu tempo e conhecimento. Desenvolvi interesse pela Christopher Reeve Foundation e contatei os diretores. Já fiz alguns projetos com a fundação, atuando mais recentemente como anfitrião em uma cúpula mundial de pesquisadores de medula espinhal. Também testemunhei a favor de pesquisas com células-tronco em uma audiência legislativa no palácio do governo de Massachusetts – e fiquei surpreso ao me ver no noticiário naquela noite e estampado na primeira página do jornal na manhã seguinte. Tento retribuir à comunidade. Faço parte do conselho da diretoria de várias organizações sem fins lucrativos e sou o executivo residente da Universidade de Massachusetts, minha *alma mater*. Não muito antes do problema na medula, eu tinha lançado um programa de café da manhã executivo, um fórum para entrevistar ex-alunos bem-sucedidos. Logo nas primeiras sessões de *brainstorming*, identificamos que meus laços com a universidade eram um recurso importante que eu deveria preservar. Perdi somente um café da manhã, que aconteceu enquanto eu estava no hospital. Hoje, o grupo cresceu de 250 membros para 1.800. Meus desafios com a saúde também enriqueceram meu serviço de consultoria administrativa, pois posso combinar minha experiência recente com minha vivência em negócios para aconselhar líderes que estão enfrentando adversidades na vida pessoal ou nas organizações. Na minha nova vida, sou capaz de usar tudo, inclusive a paralisia, para ser um novo tipo de líder.

---

Muitos de nós subestimamos nossa capacidade de suportar crises. Eu certamente subestimava. Se antes de eu adoecer você tivesse me perguntado como eu lidaria com o fato de ter me tornado cadeirante, eu teria dito algo como "seria melhor você me colocar em um canto e atirar em mim". Mudei de ideia rapidamente sobre isso. Não que eu goste de estar em uma cadeira de rodas – luto todos os dias contra os limites e os desafios adicionais que a paralisia me impôs. Mas, em vez de sentir pena de mim mesmo, escolhi usar as conquistas da minha antiga vida como base para construir uma nova, cheia de propósito e possibilidades, algumas das quais só consegui enxergar graças à adversidade que se abateu sobre mim.

Minha nova vida é uma construção diária. Preciso recriar partes de mim mesmo todos os dias. Contudo, sei que ela é cheia de novas aventuras, mesmo que eu ainda não conheça todas as possibilidades. Posso vivê-las sentado, mas, de certo modo, estou mais alto do que nunca.

**Publicado originalmente em março de 2007.**

# 10

# Negociações extremas

*Jeff Weiss, Aram Donigian e Jonathan Hughes*

**NÃO COSTUMA SER FÁCIL "CHEGAR AO SIM",** em especial considerando o ritmo dos negócios e a atual estrutura das organizações. CEOs e outros executivos seniores enfrentam uma pressão de tempo extrema, gerenciando conversas complexas e de alto risco envolvendo várias áreas e divisões, com parceiros e fornecedores cruciais, além de clientes e agências reguladoras. Muitos relatam que se sentem em constante modo de negociação, tentando obter aprovação para negócios nos quais centenas de milhões (e, às vezes, bilhões) de dólares estão em jogo, nos prazos mais curtos possíveis, de pessoas que podem deter o futuro da organização (e até o do próprio líder) nas suas mãos. Para esses executivos, negociação é mais do que apenas uma série de transações; trata-se de se adaptar a informações e circunstâncias que mudam rapidamente.

Oficiais do Exército americano em todo o mundo enfrentam desafios assim todos os dias – atuando em áreas de tensão como o Afeganistão e o Iraque, tentando convencer habitantes locais desconfiados a compartilhar informações valiosas ao mesmo tempo que buscam distinguir amigos de inimigos. Tudo isso enquanto equilibram a responsabilidade de proteger suas tropas e a necessidade de obter apoio local para os interesses regionais e globais dos Estados Unidos.

Os contextos do mundo dos negócios e do mundo militar são muito diferentes, mas líderes de ambos se deparam com negociações nas quais sobram armadilhas e faltam bons conselhos. Damos a elas o nome de "negociações perigosas" não por se tratar de uma questão imediata de vida ou morte, mas porque o que está em jogo exerce uma pressão intensa sobre o líder.

O perigo para um líder de negócios que está tentando chegar a um acordo com o único fornecedor de um insumo importante, fechar um negócio multibilionário com uma organização-alvo antes que suas ações despenquem ou renegociar preços com um cliente insatisfeito difere daquele que um soldado enfrenta ao negociar com aldeões para obter informações sobre de onde partem os mísseis. Mas a percepção de perigo instiga líderes de negócios e líderes militares a recorrer aos mesmos tipos de comportamento. Ambos costumam se sentir pressionados a progredir com rapidez, projetar uma imagem de força e controle (em especial quando não possuem nenhuma das duas coisas), recorrer à coerção em vez de à colaboração, trocar recursos por cooperação em vez de obter adesão genuína e oferecer concessões unilaterais para mitigar possíveis ameaças.

Oficiais do Exército americano servindo no Afeganistão procuram se distanciar dessas pressões enquanto estão envolvidos (em geral todos os dias) em negociações perigosas. Ao longo dos últimos seis anos, estudamos como eles solucionam conflitos e influenciam os demais em situações de extremo risco e de incerteza. Descobrimos que os mais habilidosos recorrem a cinco estratégias altamente eficazes: (1) compreender o quadro geral; (2) desvendar planos secretos e colaborar com o outro lado; (3) conquistar adesão genuína; (4) construir relacionamentos baseados na confiança em vez de no medo; e (5) ficar igualmente atento ao processo e aos resultados desejados. Quando combinadas, essas estratégias se revelam características de negociadores eficientes *in extremis*, adaptando uma expressão do coronel Thomas Kolditz, professor da Academia Militar dos Estados Unidos em West Point e autor de *In Extremis Leadership* [Liderança *in extremis*].

Comportamentos durante negociações tendem a ser profundamente arraigados e, com frequência, reativos em vez de deliberados, em particular em situações perigosas. Essas cinco estratégias podem ajudar negociadores não apenas a reagir rápido, mas também a reconfigurar seu pensamento *antes* da negociação. Vejamos com mais detalhes cada uma delas e como têm sido implementadas por militares no Afeganistão.

### Estratégia 1: Veja o quadro geral

**Comece perguntando qual é o ponto de vista da outra pessoa ou do grupo. Use o que descobrir para moldar os objetivos da negociação e determinar como você os alcançará.**

Negociadores em situações perigosas tentam agir rapidamente para reduzir o nível de ameaça detectado. Com frequência, mergulham em discussões antes de entender a situação como um todo, reagindo a suposições e instintos, e tendem a não testar ou rever tais suposições. Assim, tanto líderes de negócios quanto militares acabam negociando com base em informações incompletas ou incorretas, o que não raro leva a conflitos, impasses ou a uma solução que aborda somente parte do problema ou da oportunidade. Na verdade, eles costumam ter mais tempo do que imaginam para falar, ponderar e reagir.

Quando combatentes talibãs incendiaram um caminhão de suprimentos afegão a menos de 4 quilômetros do seu posto avançado de combate, o sargento de primeira classe Michael Himmel (os nomes dos oficiais e os locais onde os incidentes descritos neste artigo ocorreram foram modificados) sabia que uma resposta imediata era necessária. Mas todas as unidades americanas estavam em patrulha, de modo que ele decidiu que era uma boa oportunidade para a Polícia Nacional Afegã dar conta de uma situação de crise por conta própria. (O pelotão de Himmel estivera treinando e patrulhando com a PNA por seis meses.) O chefe da PNA, um habitante local de 55 anos com 30 anos de experiência na polícia, resistiu de imediato, manifestando sua preocupação quanto a cumprir uma missão sozinho e solicitando apoio. "Meus homens não estão bem preparados", disse ele, culpando Himmel indiretamente por aquela situação. Firme nas suposições que fizera sobre o chefe e sua equipe, o sargento ignorou a solicitação e insistiu acreditando que faltava a eles "coragem e comprometimento com trabalho duro". Obviamente, o chefe se sentiu desrespeitado.

> **Em resumo**
>
> **Hoje, líderes de negócios relatam a sensação de que devem negociar o tempo todo** para extrair acordos complexos de pessoas com poder sobre indústrias ou carreiras individuais. Sentir que estão em perigo constante faz com que queiram agir rápido, projetar uma imagem de controle (mesmo quando não têm nenhum), recorrer à coerção e dissipar a tensão a qualquer custo.
>
> **Alguns desfechos desfavoráveis: uma concessão que não aborda o verdadeiro problema ou oportunidade;** maior resistência do outro lado, inviabilizando qualquer acordo; ressentimento que azeda futuras negociações; fracasso em desenvolver um relacionamento baseado em respeito e confiança mútuos; e acordos que geram exposição enorme a riscos futuros.
>
> **Para evitar esses perigos, executivos podem aplicar as mesmas estratégias usadas por oficiais militares bem-treinados** em regiões de tensão como o Afeganistão e o Iraque. Estes negociadores *in extremis* perguntam a opinião dos outros, sugerem múltiplas soluções e convidam colegas a criticá-los. Também usam fatos e princípios de justiça para convencer o outro lado, constroem confiança e compromissos ao longo do tempo e tomam medidas para redesenhar o processo de negociação assim como o resultado.

No fim das contas, ele enviou uma equipe mal equipada para investigar o incêndio. Não é de surpreender que os homens tenham voltado com poucas informações.

O primeiro-tenente Daniel Dubay lidou com uma negociação parecida de maneira muito diferente. Enquanto patrulhava perto da aldeia de Azrow, o pelotão de Dubay foi atacado a partir de dois prédios a cerca de 200 metros dele. Depois de 45 minutos de combate, as forças anticoalizão desapareceram em *qalats* (abrigos fortificados) próximos. O pelotão foi avaliar os danos e verificar se havia feridos entre os habitantes. Dubay e um esquadrão seguiram para o prédio de onde a maioria dos tiros fora disparada. Lá encontraram 25 mulheres e crianças espremidas em um

## Implementando a estratégia 1: Veja o quadro geral

**Evite**
- Presumir que você conhece todos os fatos: "Escute, é claro que..."
- Presumir que o outro lado é parcial – mas não você.
- Presumir que as motivações e intenções do outro lado sejam óbvias – e, provavelmente, nefastas.

**Em vez disso...**
- Seja curioso: "Me ajude a entender como você vê a situação."
- Seja humilde: "No que estou equivocado?"
- Tenha a mente aberta: "Existe alguma outra maneira de explicar o que houve?"

---

quarto pequeno. Sem entrar no cômodo, Dubay explicou por meio de um intérprete que seu pelotão acabara de sair de um ataque a tiros e que ele estava em busca de informações que pudessem ajudá-lo a identificar os insurgentes que tinham estado no prédio.

"Não há criminosos aqui; ninguém estava atirando em vocês!", berrou uma mulher, a voz um pouco trêmula.

Dubay precisava de informações com urgência. Ele poderia ter obedecido aos seus instintos e endurecido o diálogo. Mas percebeu o medo da mulher – e o próprio – e decidiu recuar, testar sua suposição de que as mulheres estavam colaborando com o inimigo e mudar sua abordagem para obter as informações de que precisava.

Ele tirou os óculos escuros, pendurou sua arma nas costas e se ajoelhou bem perto da entrada do quarto. Então explicou às mulheres que seus lares estavam agora protegidos tanto por forças afegãs quanto americanas e disse que só queria entender por que todos estavam espremidos ali. Nos 15 ou 20 minutos seguintes, ele falou tranquilamente, solidarizando-se com o medo deles por terem sido pegos no meio de um tiroteio. Por fim, uma mulher se manifestou e contou sobre os homens que conduziram a todos até aquele cômodo para, em seguida, assumirem posições. Dubay agradeceu a ela. Outra mulher interveio. Os homens não eram afegãos, ela disse; pareciam combatentes estrangeiros. Três ou quatro outras mulheres deram mais detalhes.

Dubay tomou notas e modificou seu objetivo: não somente reuniria as informações de que precisava sobre aquela situação específica, como também desenvolveria uma relação com as mulheres para obter informações no futuro. Ele deu a elas um cartão com o número de telefone do centro distrital, prometeu voltar dali a dois dias para ver como elas estavam e pediu que compartilhassem informações com ele à medida que as descobrissem. Dubay estabeleceu respeito mútuo com o povo de Azrow – um relacionamento que foi recompensado meses depois.

### Estratégia 2: Desvende e colabore

**Descubra as motivações e as preocupações do outro lado. Proponha várias soluções e convide suas contrapartes a melhorá-las.**

Além de pressionar pessoas a agir rápido, uma situação ameaçadora as faz quererem parecer fortes e mais no controle do que de fato estão. Nesse estado mental, negociadores tendem a assumir posições extremadas e fazer demandas agressivas. Infelizmente, isso quase sempre dispara ou exacerba a resistência do outro lado. Discussões se tornam contenciosas e ineficientes, e os dois lados correm o risco de chegar a um impasse.

O capitão Chris Caldwell recebeu informações de que os soldados da sua companhia tinham provocado baixas no inimigo. Ele sabia que naquela área só havia um centro médico afegão equipado para tratar os feridos. Visando assegurar o controle da região por seus homens, Caldwell foi ao centro para entrevistar um médico conhecido por ser simpatizante dos talibãs. Como não obteve permissão para entrar, Caldwell invadiu o prédio, encontrou provas de que os combatentes inimigos estavam sendo tratados ali e prendeu o médico para interrogá-lo.

Quando souberam das ações de Caldwell, os anciãos da aldeia fizeram uma visita ao capitão. Estavam furiosos. Ele se defendeu afirmando que só reagiria de modo diferente no futuro se os habitantes locais começassem a trabalhar em parceria com suas tropas, e não contra elas. Os anciãos, por sua vez, argumentaram que os aldeões só cooperariam quando recebessem um incentivo – ou seja, quando sentissem que estavam sendo tratados com

## Implementando a estratégia 2: Desvendar e colaborar

**Evite**
- Fazer ofertas abertas: "O que você quer?"
- Fazer ofertas unilaterais: "Eu estaria disposto a..."
- Simplesmente aceitar (ou recusar) as exigências do outro lado.

**Em vez disso...**
- Pergunte: "Por que isso é importante para você?"
- Proponha soluções para que sejam criticadas: "Eis uma possibilidade – o que pode haver de errado com ela?"

---

respeito. Eles disseram que esse respeito poderia ser demonstrado por meio de doação de recursos para a reconstrução da aldeia. Caldwell argumentou que, se quisessem qualquer coisa dele, precisariam lhe dar informações sobre os feridos na clínica. A negociação chegou a um impasse.

Um negociador *in extremis* habilidoso se concentra em transformar negociações em solução de problemas por meio de parceria em vez de em confronto para ver quem tem mais determinação. O capitão Andrew Williams, comandante de bateria de artilharia em Ghazni, recebeu um relatório indicando que seus soldados tinham visto um dispositivo explosivo improvisado sendo colocado na beira de uma estrada. Ele os instruiu a não recorrer à força, mas a monitorar o local e a identificar os homens que estavam plantando os explosivos. (A equipe dele removeria e detonaria os dispositivos em um ambiente controlado.) De posse da informação, Williams foi à aldeia onde os homens moravam, reuniu os anciãos e pediu que a instalação desses dispositivos na área cessasse. Os anciãos responderam que, se houvesse uma contrapartida em dinheiro, garantiriam que os aldeões cumpririam o combinado.

Pressionado pelo tempo e pela necessidade de garantir a segurança de seus homens, Williams ficou tentado a perguntar "quanto?". Em vez disso, quis saber "por quê?". Ele explicou que não poderia oferecer nada aos anciãos sem compreender o que tinham em mente. No fim das contas, eles lhe revelaram que precisariam pagar por informações sobre quem era responsável por plantar os dispositivos – e, obviamente, o dinheiro era escasso. Eles também queriam oferecer algum dinheiro aos aldeões para preservar seu status e provar que não eram apenas informantes.

Williams fez uma contraproposta ponderada: os homens dele fariam o trabalho de identificar os culpados e os anciãos seriam responsáveis por levá-los para o posto americano mais próximo. Visando incentivar os anciãos e engajá-los como colaboradores, ele perguntou: "O que poderia haver de errado com essa ideia?"

Surpreendentemente, os anciãos gostaram do plano, mas manifestaram uma preocupação: talvez aqueles homens capturados não fossem extremistas, mas somente estivessem precisando de dinheiro e tentando sustentar suas famílias. Williams garantiu que, se os anciãos levassem os homens para o posto de combate e deixassem os americanos incluírem os nomes deles em um banco de dados, os homens poderiam voltar à aldeia. Ele acrescentou que aquilo os ajudaria a conquistar prestígio entre os aldeões, pois eles próprios estariam dando conta da situação. Os anciãos concordaram. Dois dias depois, eles chegaram com os homens procurados e seus nomes foram inseridos no banco de dados. Eles foram advertidos contra ações futuras e autorizados a voltar para a aldeia e para suas famílias.

Em pouco tempo, as denúncias sobre esconderijos de armas atingiram um número recorde. Os habitantes passaram a alertar soldados em patrulha sobre explosivos no caminho e a compartilhar voluntariamente informações sobre locais de lançamento de morteiros.

### Estratégia 3: Conquiste adesão genuína

**Use fatos e princípios de justiça, em vez de força bruta, para convencer os outros. Ofereça a eles meios de defender suas posições diante de críticas e crie precedentes úteis para negociações futuras.**

Com frequência, o perigo empurra negociadores a serem inflexíveis, usando coerção para fechar acordos. Isso costuma gerar ressentimentos e levar a conflitos, tornando as negociações seguintes muito mais difíceis. É claro que uma tomada hostil não é exatamente igual a um conflito armado, mas os termos apresentados podem ser duros ou chocantes nas duas situações.

A primeira missão do capitão Kyle Lauers no Afeganistão parecia simples à primeira vista: capturar ou matar Wahid Salat, um líder talibã que estava abrigado em uma aldeia próxima. Mas ele sentia uma pressão enorme por ter que conduzir seus 130 soldados até a aldeia e trazê-los de volta em segurança. O principal desafio seria negociar ajuda com o chefe de polícia local e com o ancião da aldeia para proteger o prédio no qual Salat estava. Quando Lauers pediu ao chefe de polícia que detivesse Salat, ele se recusou.

"Precisamos agir agora", disse Lauers ao chefe de polícia. "Se você não ajudar, não poderei me responsabilizar pelo que acontecer." O chefe de polícia se calou. Lauers ordenou a seu pelotão que cercasse o prédio com cordões de isolamento. Quando ouviram tiros, ele viu o ancião da aldeia se aproximando pelo outro lado da rua, claramente furioso e confuso. O ancião começou a gritar para Lauers assim que o líder do pelotão informou pelo rádio que o suspeito e três guarda-costas tinham sido mortos. O ancião exigiu saber por que a companhia de Lauers entrara na aldeia e começara a atirar sem nenhum apoio da polícia nem discussões com o ancião. Lauers explicou que o chefe de polícia se recusara a cooperar. O ancião imediatamente culpou Lauers e exigiu dinheiro pelos danos. Lauers respondeu que, como os talibãs eram os responsáveis pelos danos, o ancião poderia obter *deles* a indenização. Depois, foi ver como os seus homens estavam.

Nos 11 meses seguintes, aquela aldeia continuou sendo um problema para a companhia de Lauers. Ataques com morteiros eram frequentes. Sempre que oficiais iam buscar informações na aldeia, precisavam pagar com dinheiro ou suprimentos – e, mesmo assim, com frequência obtinham nomes, lugares ou datas errados. Ameaças e uso da força fazem sentido em certas situações militares. Neste caso, contudo, a estratégia de negociação de Lauers comprometeu seus objetivos de curto e longo prazo.

O negociador *in extremis* eficiente reconhece que seus objetivos quase sempre serão atingidos com mais facilidade se ele conquistar adesão genuína em vez de conformismo relutante do outro lado. Ao chegar ao Afeganistão, o capitão John Chang descobriu que suas contrapartes do

## Implementando a estratégia 3: Conquiste adesão genuína

**Evite**
- Ameaças: "É melhor você concordar, senão..."
- Arbitrariedade: "Eu quero porque quero."
- Mente fechada: "Sob nenhuma circunstância concordarei com esta proposta. Nem mesmo a considerarei."

**Em vez disso...**
- Apele à justiça: "O que *deveríamos* fazer?"
- Apele à lógica e à legitimidade: "Acho que isso faz sentido, porque..."
- Considere as perspectivas dos participantes: "Como cada um de nós pode explicar este acordo para os colegas?"

Exército Nacional Afegão (ENA) estavam recorrendo com frequência a ameaças, em contextos perigosos ou nos quais havia muito em jogo, para mudar o comportamento da população local. Chang conhecia o bastante da cultura afegã e do Corão para entender o valor que os locais davam ao tratamento respeitoso. Ele decidiu que, se conseguisse mudar a maneira como seus soldados interagiam com o ENA, poderia alterar a forma como o ENA trabalhava com os aldeões. Ele convidou soldados do ENA a se mudarem para o posto avançado de combate dos americanos. As duas unidades começaram a comer, treinar, planejar, patrulhar e relaxar juntas, resultando em uma verdadeira parceria. Em um mês, o ENA já atuava como defensor da missão liderada pelos Estados Unidos, explicando aos anciãos das aldeias que os americanos eram hóspedes no seu país – operando para ajudar as pessoas a pedido do governo afegão – e lembrando a eles da importância cultural da hospitalidade no Afeganistão.

Mais tarde, quando a violência explodiu na região, já havia um precedente. Em vez de fazer ameaças, o capitão Chang e seu colega do ENA solicitaram recomendações dos anciãos da aldeia sobre como melhorar a segurança no vale e perguntaram de quais justificativas precisariam para defender um pacto entre as forças dos Estados Unidos e do ENA. Os anciãos manifestaram suas objeções ao fato de as forças de coalizão revistarem casas, deterem pessoas no meio da noite e pararem e revistarem veículos de maneira aleatória. Relataram o medo de caçar ou de deixar o gado pastar nas montanhas, onde forças americanas estavam fazendo disparos com artilharia. Qualquer trato negociado sobre reduzir a violência, eles aconselharam, deveria demonstrar respeito pelas liberdades pessoais e pelas leis locais. Mais importante, deveria parecer uma solução do ENA, e não dos Estados Unidos. Chang e o colega do ENA elaboraram um acordo que os anciões puderam defender aos olhos dos moradores e o recrutamento de talibãs na área caiu de maneira significativa.

### Estratégia 4: Conquiste a confiança primeiro

**Lide com problemas de relacionamento de forma direta. Assuma compromissos de melhoria para estimular a confiança e a cooperação.**

Quando os riscos estão no auge, líderes de negócios e militares são com frequência tentados a trilhar o caminho rápido e fácil de trocar recursos por ajuda. Afinal de contas, em uma situação perigosa não há tempo para desenvolver um bom relacionamento de trabalho ou consertar o que quer que esteja atrapalhando. Mas fazer concessões substanciais quase sempre resulta em extorsão e gera desrespeito e franco desdém.

Oficiais militares são vítimas frequentes da armadilha das concessões. Farrukh, um afegão, tinha aberto uma escola para meninas nos arredores de Baraki e era atormentado o tempo todo por líderes talibãs locais. Oficiais de inteligência descobriram que um insurgente conhecido fizera uma chamada para o celular de Farrukh. Eles apreenderam o telefone e descobriram que Farrukh tinha recebido chamadas de vários outros líderes talibãs. Farrukh foi preso e cumpriu 12 meses em um centro de detenção, aguardando uma audiência. Finalmente, a audiência ocorreu, e ele foi considerado inocente. Nesse meio-tempo, a escola dele fechou, sua reputação ficou gravemente abalada e ele sofreu danos físicos. Farrukh precisava ser compensado.

O oficial do Exército encarregado do caso ofereceu uma quantia pelo faturamento perdido. Farrukh queria mais: uma explicação para a sua

## Implementando a estratégia 4: Cultive a confiança primeiro

**Evite**
- Tentar "comprar" um bom relacionamento.
- Oferecer concessões para reparar quebras de confiança, sejam elas reais ou imaginárias.

**Em vez disso...**
- Investigue por que houve a quebra de confiança e como remediá-la.
- Só faça concessões se elas forem uma maneira legítima de compensar perdas devidas à sua inação ou ao descumprimento de acordos.
- Trate contrapartes com respeito e atue de formas que invoquem o respeito delas.

---

prisão e detenção, e procedimentos que pudessem ser instaurados para evitar novos mal-entendidos. O oficial apenas aumentou a quantia e o mandou embora, mal oferecendo um pedido de desculpas. Farrukh – que era um líder na sua aldeia e tinha um longo histórico de colaboração com forças pacificadoras ocidentais – saiu com 12 mil dólares no bolso, mas jurou nunca mais confiar em um americano. Pior ainda, conforme ele contava a sua história, a desconfiança dos outros habitantes aumentava, dificultando a obtenção de informações úteis e de cooperação ativa por parte dos aldeões.

Negociadores *in extremis* habilidosos nunca fazem concessões arbitrárias em um esforço para comprar boa vontade. Em vez disso, constroem confiança ao longo do tempo por meio de comprometimentos incrementais e recíprocos. O capitão Aaron Davis foi destacado para a província de Khost com ordens para resolver "rápida e definitivamente" vários desentendimentos de longa data com líderes locais. Uma semana depois de sua chegada, Davis partiu para uma aldeia onde um homem chamado Haji Said Ullah era proprietário do que um dia fora um posto de gasolina lucrativo. O negócio de Ullah tinha praticamente morrido dois anos antes, quando as forças americanas fecharam uma estrada para proteger

## Treinando oficiais para negociar

**Por que oficiais militares precisam negociar?**
Porque, para os militares no Iraque e no Afeganistão, a natureza do trabalho mudou. Em 2005, em um briefing em West Point, um comandante de divisão descreveu assim um dia em Bagdá para seus tenentes: sair em patrulha às sete da manhã, ajudar a montar um mercado local às nove, trabalhar para restabelecer a energia elétrica em um quarteirão da cidade ao meio-dia, participar de uma reunião do conselho às seis da tarde e conduzir um ataque à residência de um suspeito de insurgência à uma hora. Cada uma daquelas missões envolvia algum tipo de negociação.

**Por que exigências e ameaças não funcionam?**
Às vezes funcionam, e às vezes são necessárias. Mas esses oficiais se deparam com situações cada vez mais complexas envolvendo muitos grupos, questões e culturas. Vida e morte, segurança física, recursos escassos cruciais ou capital político podem estar em jogo. Em julho de 2010, o general David Petraeus lembrou às forças americanas no Afeganistão que deveriam se concentrar no elemento humano decisivo. Isso mantém líderes militares de todos os níveis mentalmente ágeis e adaptáveis – não somente habilidosos com armas e protocolos de combate.

**Como treinar negociadores *in extremis*?**
Em West Point, nos concentramos na prática. Por exemplo, o curso Negociação para Líderes apresenta estudos de caso para que sejam discutidos. Cada aula introduz

---

um campo aéreo recém-construído, impedindo as pessoas de chegar ao posto. Vários oficiais do Exército passaram dois anos prometendo a Ullah reparação pelo prejuízo financeiro e ajuda para encontrar seu irmão, que ele suspeitava ter sido sequestrado por forças talibãs. Nenhuma das promessas foi cumprida. Portanto, não é de surpreender que Ullah tenha saudado Davis com desprezo – e exigido mais dinheiro. Davis resistiu à tentação de resolver o problema com dinheiro; afinal, era um problema de relacionamento.

Davis visitou Ullah várias vezes, ouviu suas histórias furiosas e fez perguntas. Em nenhum momento ele ofereceu uma compensação; disse a Ullah que investigaria o que ocorrera e voltaria em três dias. Os dois homens se sentaram para tomar chá três dias depois e o capitão pediu

uma estratégia de negociação aplicável ao caso em questão. Revisamos sistematicamente a abordagem adotada pelos cadetes em cada estudo de caso – analisando em profundidade como e por que eles fizeram tais escolhas.

Também fazemos coaching individual para ajudar oficiais a examinarem as próprias táticas, usando perguntas investigativas como: de que modo você reagiu diante de uma ameaça? Por que reagiu daquela maneira? Qual era o seu objetivo? Qual reação você esperava? Considerando o resultado, você usaria outra abordagem no futuro? Se sim, qual e por quê?

Interações com superiores proporcionam mais aprendizado. Se um comandante pergunta a um oficial negociador se ele conseguiu fazer o outro lado desistir ou se o manteve "feliz", o oficial provavelmente não desenvolverá o processo de pensamento estratégico e as habilidades necessárias para negociações *in extremis*. Mas se o comandante pergunta quanto o oficial entendeu e abordou as preocupações e motivações do outro lado ou se o resultado estabeleceu um precedente bom e facilmente compreensível para os outros, é provável que o negociador comece a pensar de maneira estratégica sobre negociações.

Executivos do mundo dos negócios também podem usar estes métodos para desenvolver as habilidades de negociação dos líderes das suas organizações.

---

desculpas pelo que Ullah tinha passado. Também lhe deu notícias sobre o que descobrira. Ele pediu a ajuda de Ullah para descobrir como reparar o relacionamento e, no fim das contas, reconquistar a confiança dos outros líderes locais. Os homens conversaram sobre maneiras de obter informações sobre o irmão de Ullah, como melhorar a comunicação entre as forças americanas e os aldeões e como deixar a população mais segura. Foi só aí que Davis retornou à questão da compensação, compartilhando sua estimativa das perdas do negócio de Ullah segundo os padrões locais. (Era um cálculo básico, mas ninguém mais tinha se dado ao trabalho de fazê-lo.) Ullah avaliou os números e, em poucos minutos, concordou com o que considerou um valor justo: uma pequena fração do que exigira inicialmente.

### Estratégia 5: Concentre-se no processo

**Mude conscientemente o jogo não reagindo ao outro lado. Adote medidas para moldar o processo de negociação e o resultado.**

Em negociações que percebem como perigosas, executivos e oficiais militares naturalmente querem evitar danos a si mesmos ou àqueles que estão do seu lado. Somado à necessidade inevitável de agir com rapidez, isso gera pressão para que eles cedam em questões críticas – o que não é uma boa ideia. O acordo resultante pode provocar uma exposição a riscos muito além da ameaça imediata.

O primeiro-tenente Matthew Frye e seu pelotão estavam sob ataque de mísseis havia oito dias seguidos, sempre no mesmo horário, na base de operações onde serviam. No nono dia, enquanto seu esquadrão estava em patrulha, Frye foi informado de que insurgentes estavam preparando outro ataque à base e que seu grupo deveria investigar as redondezas, de onde os ataques tinham vindo. Ele se sentiu pressionado a determinar a localização atual, a descrição e a forma de organização do inimigo. Um dos últimos mísseis lançados caíra muito perto, a cerca de 400 metros de sua barraca.

Nas redondezas, Frye buscou informações com os anciãos e perguntou o que eles queriam em troca para revelar os nomes dos insurgentes. Como não era de surpreender, eles tinham muitos pedidos, sobretudo comida, água e roupas. Frye prometeu fornecer ajuda humanitária, mas, quando pediu informações em troca, os anciãos negaram saber qualquer coisa sobre os rebeldes. Visando proteger seus homens, Frye ofereceu mais dinheiro e disse que seus soldados ajudariam os aldeões a perfurar um poço. Os anciãos aceitaram, mas permaneceram calados. Percebendo que estava sendo enrolado, Frye disse que suas ofertas tinham sido feitas com a condição de que lhe fornecessem informações. Os anciãos ficaram furiosos por ele estar voltando atrás nos compromissos que assumira e insinuaram que Frye e seus homens deveriam ser extremamente cautelosos quando retornassem à base.

Ameaçado e tenso, Frye concordou em cumprir o acordo unilateral e disse que esperava mais cooperação na vez seguinte. Ele partiu sem as informações das quais precisava e tampouco construíra uma boa relação com os anciãos. Mais tarde, ele soube que o inimigo observara os americanos durante toda a visita à aldeia, portanto ele tinha colocado o pelotão em uma situação ainda mais perigosa.

O primeiro erro de Frye, é claro, foi acreditar que só tinha duas opções: recusar as exigências dos anciãos – e neste caso ele e seus homens continuariam em perigo – ou simplesmente capitular e torcer pelo melhor. Ele devia ter se distanciado dos problemas imediatos, analisado a tática dos aldeões e refletido sobre como virar a negociação a seu favor.

Na sua primeira patrulha em Kunduz, o primeiro-tenente Billy Gardner conduzia seu pelotão por um mercado quando foi abordado por cinco homens. Eram representantes dos plantadores de maçãs na cooperativa agrícola local e estavam furiosos. Autoridades americanas antes deles haviam oferecido ao distrito milhões de dólares para a compra de terras, mas a pessoa a quem o subgovernador local pagara não era o proprietário legal da área. Os homens exigiam que eles e os colegas fazendeiros fossem compensados imediatamente. Formou-se uma multidão, os homens começaram a fazer ameaças e, quando Gardner não respondeu, exigiram uma compensação ainda maior. Eles tentaram envolver os membros do esquadrão de Gardner na negociação, pulverizando exigências e alternando ameaças e atitudes solícitas.

Gardner reconheceu o plano deles de dividir e conquistar. Ele se recusou a reagir e a fazer concessões. Se fizesse uma das duas coisas, estaria recompensando comportamentos de negociação que rejeitava. Em vez disso, tratou de mudar a natureza da conversa: sentou-se, cumprimentou os homens em pashto, tirou o capacete, baixou o rifle e ouviu com atenção. Falou devagar e com tranquilidade. Rapidamente, a linguagem corporal dos agricultores mudou e os gritos diminuíram. Na verdade, estavam se esforçando para ouvir Gardner. Ele começou a fazer perguntas de uma maneira ao mesmo tempo respeitosa (ele não insistiu no próprio ponto de vista) e imperativa. Assumiu o comportamento natural de um juiz decidido a estabelecer com imparcialidade o curso apropriado de uma ação e tendo a autoridade para fazê-lo.

Gardner perguntou aos homens sobre a natureza dos seus acordos de negócios, suas lavouras, a quem representavam e como a venda das terras os afetara diretamente. Descobriu que maçãs eram a base da economia local. Os homens não se opunham a vender a terra, mas queriam

## Implementando a estratégia 5:
## Foco no processo

**Evite**
- Agir sem avaliar como as suas ações serão interpretadas e qual será a reação.
- Ignorar as consequências de uma dada ação em negociações futuras, assim como nas atuais.

**Em vez disso...**
- Não fale somente sobre os assuntos em questão, mas também sobre o processo de negociação: "Parece que estamos em um impasse. Talvez devamos passar mais tempo conversando sobre nossos respectivos objetivos e limitações."
- Diminua o ritmo: "Não estou pronto para concordar, mas tampouco preferiria desistir. Acho que isso pede mais investigação."
- Faça avisos sem ameaçar: "A menos que você esteja disposto a trabalhar comigo visando a um resultado mutuamente aceitável, não posso perder mais tempo em negociações."

---

ser reconhecidos como os proprietários por direito dos lotes em questão. Gardner começou a propor algumas soluções possíveis. Perguntou se eles tinham procurado o subgovernador provincial sobre sua queixa. Ou se levaram a questão à *shura* (conselho) do subdistrito. Eles responderam que não, pois não confiavam no subgovernador e achavam a *shura* ineficaz.

Gardner escutou sem responder em definitivo quando novas exigências – àquela altura, formuladas como pedidos de ajuda – foram feitas. Ele começou a perceber que a cooperativa representava uma forma de governo civil estável. Ali estava uma oportunidade de fortalecer práticas e instituições democráticas. Gardner explicou aos homens que, depois que as questões fossem apresentadas formalmente ao subgovernador, os americanos seriam mais capazes de ajudar. No fim das contas, os agricultores acataram sua sugestão e pediram que ele continuasse os aconselhando, o que ele concordou em fazer. O que começara como uma situação improvisada e tensa, com comportamentos até agressivos, evoluiu para horas de conversa que resultaram no compartilhamento de informações, com os homens dizendo o que sabiam sobre atividades recentes de rebeldes na região.

---

Talvez a lição mais importante que o negociador *in extremis* tenha a ensinar tanto a militares quanto a CEOs seja esta: em um contexto de forte pressão para agir depressa e marcar uma posição inflexível, o melhor é não tomar nenhuma dessas duas atitudes. Controle e poder podem ser expressos de maneira mais eficaz desacelerando a negociação, conduzindo ativamente as partes para um diálogo construtivo e demonstrando abertura genuína à perspectiva do outro. Isso não é ceder: trata-se de ser estratégico em vez de reativo. É pensar vários movimentos adiante sobre como suas ações podem ser interpretadas e fazer escolhas táticas que produzam reações construtivas e viabilizem os seus verdadeiros objetivos.

**Publicado originalmente em novembro de 2010.**

BÔNUS

# Crescimento pós-traumático e desenvolvimento da resiliência

Uma entrevista com Martin E. P. Seligman
*Sarah Green Carmichael*

**Sarah Green:** Bem-vindos ao HBR Ideacast da *Harvard Business Review*. Eu sou Sarah Green e estou conversando hoje com Martin Seligman, professor da Universidade da Pensilvânia, conhecido como o pai da psicologia positiva. Ele é o autor de um novo livro, *Florescer*, e do artigo "Desenvolvendo a resiliência", que é parte deste livro. Muito obrigada por conversar conosco hoje.

**Martin Seligman:** Estou feliz por estar aqui.

**Sarah Green:** Sei que é um projeto gigantesco, mas eu gostaria de lhe pedir um breve resumo do trabalho que tem feito com o Exército dos Estados Unidos.

**Martin Seligman:** Há cerca de dois meses e meio, o comandante do Estado-Maior do Exército me chamou ao Pentágono e falou em suicídio, transtorno de estresse pós-traumático, abuso de drogas, divórcio, depressão. "O que a psicologia positiva diz sobre isso, Dr. Seligman?", ele queria saber. Houve uma reunião com a equipe geral, e eu disse que a reação humana a adversidades extremas – conflito armado, demissão, divórcio – tem o formato de uma curva de sino. No lado esquerdo estão as pessoas que desmoronam. E existem diversos meios de desmoronar: ansiedade, depressão, suicídio, estresse pós-traumático. Eu achava que o Exército deveria continuar gastando de 5 a 10 bilhões de dólares por ano tratando desses males. Mas o Exército não é um hospital. E há duas coisas realmente importantes sobre a reação a adversidades.

A maioria das pessoas é resiliente, o que significa que elas passam por um período difícil depois de desemprego, rejeição, conflitos armados, mas, um ou dois meses mais tarde, pelas nossas medições psicológicas e físicas, retornam ao ponto onde estavam antes. E há aquelas que apresentam o chamado crescimento pós-traumático. Elas passam por um período muito difícil, com frequência estresse pós-traumático, mas, um ano depois, estão mais fortes do que antes, segundo as mesmas medições. São as pessoas que refletem a citação de Nietszche: "O que não nos mata nos fortalece." Portanto, minha recomendação ao general Casey foi mensurar e desenvolver resiliência e criar um exército que fosse tão saudável mental quanto fisicamente, algo que ele também queria fazer.

**Sarah Green:** Antes de falarmos um pouco sobre como isso acontece, ao ler o artigo percebi quanto nós, na mídia, focamos no estresse pós-traumático. E sempre termino esses artigos sentindo que a única maneira de evitar TSPT é evitando traumas. O que, claro, é impossível, não importa quem você seja. Acho que o senhor nos presta um grande serviço mudando o foco para o crescimento pós-traumático. Mas, antes de nos aprofundarmos nisso, eu gostaria de perguntar se acredita que o fato de as pessoas focarem tanto no estresse pós-traumático tem um impacto negativo.

**Martin Seligman:** Você disse uma realidade, Sarah. Nós fomos para West Point e perguntamos: "Quantos de vocês conhecem estresse pós-traumático?" Noventa e sete por cento. "E quantos de vocês conhecem crescimento pós-traumático?" Cerca de 10%. É uma profecia que se autorrealiza. Portanto, não é apenas depressão. Se a única coisa que você conhece é o estresse pós-traumático, e se você vivencia um episódio terrível e passa dias se debulhando em lágrimas, você pensará que está afundando. "Pronto, tenho estresse pós-traumático." Isso piora os sintomas de ansiedade e depressão, os quais, por sua vez, fazem você ter ainda mais certeza de que está afundando, portanto segue agravando os sintomas.

Se, por outro lado, você tem acesso a um pouco de informação e sabe que chorar, se enlutar e se sentir para baixo são reações típicas e normais diante de uma demissão ou em combate, e que a reação habitual é resiliência e, às vezes, crescimento, isso impede que você afunde cada vez mais. Por isso é muito importante que as pessoas saibam que a reação normal a eventos muito ruins não é estresse pós-traumático. É resiliência e, não raro, crescimento.

**Sarah Green:** Vamos falar um pouco mais sobre algumas das características do estresse pós-traumático. O senhor já disse que uma parte fundamental do transtorno é ver o fracasso ou o trauma como uma bifurcação na estrada. O que quer dizer com isso e por que é tão importante?

**Martin Seligman:** Bem, com muita frequência, acontecimentos extremamente ruins são gatilhos para dilemas pessoais e morais, crises existenciais que exigem decisões. Portanto, falamos disso como se fosse uma bifurcação na estrada. Um dos elementos mais interessantes sobre a depressão, que é o maior componente do estresse pós-traumático, é uma emoção que lhe diz para se desligar dos objetivos que você tinha. Que eles são inalcançáveis. Isso cria uma bifurcação e faz com que você pergunte: "Que outras coisas eu poderia fazer? Que portas poderão se abrir para mim?"

Veja por que é importante se informar sobre crescimento pós-traumático e resiliência: quando essas portas se abrirem, se você estiver paralisado pela depressão, pela ansiedade, pelos sintomas de estresse pós-traumático, você não as atravessará. Não se beneficiará delas. Mas, sabendo disso, pessoas que enfrentam episódios muito ruins sabem que haverá novas portas abertas e que é importante que estejam preparadas para atravessá-las.

**Sarah Green:** Um dos outros elementos principais que o senhor menciona quando fala sobre crescimento depois de um evento traumático é a importância de articular princípios de vida. Por que é tão importante fazer isso como uma espécie de passo final no crescimento?

**Martin Seligman:** Os seres humanos são inevitavelmente criaturas de narrativas, que atribuem significado, contam histórias sobre as suas vidas.

Se você consegue criar uma narrativa em torno do seu trauma, seja ele qual for, uma narrativa na qual surgem novos princípios, uma maneira madura de ver o mundo, você poderá, como Orfeu, voltar do inferno e extrair sentido do que encontrou por lá. Você percebe que há motivo para pensar que o trauma pode capacitá-lo a realizar muitas coisas.

**Sarah Green:** Eu gostaria de entrar nos aspectos práticos de como o senhor adaptou todas essas informações sobre crescimento e trauma para um programa focado no Exército dos Estados Unidos.

**Martin Seligman:** Há cerca de 20 anos, depois do meu trabalho sobre desamparo aprendido, começamos a nos perguntar o que se pode fazer com seres humanos para criar o oposto dessa desesperança diante dos traumas. Desenvolvemos então o Programa de Resiliência Penn. Começamos a ir a escolas – primeiro às salas de aula, depois a escolas inteiras e então a sistemas escolares nacionais – e ensinar um conjunto de habilidades aos professores. Em seguida, eles as ensinavam aos alunos. E medimos a ansiedade e a depressão dos estudantes.

Reproduzimos essa conduta 21 vezes em vários lugares do mundo. No decorrer dos dois anos seguintes, avaliamos que os alunos de professores que aprendiam e ensinavam aquelas habilidades tinham menos depressão e ansiedade em comparação com o grupo de controle. Essa foi a origem do nosso trabalho com o Exército. O passo seguinte foi, mais uma vez, me reunir com o general Casey. Quando recomendei que o Exército tentasse concentrar esforços em crescimento e resiliência, ele disse que tinham lido os meus artigos sobre educação positiva e sabiam que eu ensinava aquelas habilidades a professores e, depois, os professores as ensinavam aos alunos. "Bem, Dr. Seligman", disse ele, "este é o modelo do Exército." Perguntei se era mesmo. Ele confirmou e revelou que havia 40 mil professores no Exército – os instrutores de recrutas. Portanto, o trabalho seria treinar todos os 40 mil instrutores naquelas habilidades. Depois, eles ensinariam as habilidades ao 1,1 milhão de oficiais e haveria uma avaliação meticulosa sobre o efeito do programa na prevenção do estresse pós-traumático. E, mais importante, o Exército não é um hospital, a instituição exige aumento de desempenho, o que os leitores da *Harvard Business Review* chamariam de produtividade. Portanto, é no meio disso que estamos agora.

**Sarah Green:** Eu sei que o programa ainda está em andamento, mas poderia nos dar uma ideia de como está progredindo?

**Martin Seligman:** Posso lhe dar uma ideia subjetiva, mas não adiantar os resultados. Não porque eu não tenha conhecimento, mas porque o Congresso ainda não foi informado. Portanto, em alguns meses, acho que será notícia de primeira página. Por ora, posso lhe dizer que já formamos 3.100 instrutores. E o projeto está estruturado de modo que 180 oficiais não comissionados vão à Penn mensalmente para serem treinados por 10 dias no Programa de Resiliência.

O programa é dividido em três partes. A primeira é a força mental. A segunda é a liderança com forças. E a terceira são as novas habilidades sociais para a liderança. Ao longo dos 10 dias, num primeiro momento eles aprendem como usar essas habilidades na própria vida. Em seguida, aprendem a ensiná-las. E os resultados são fascinantes.

Os instrutores dos recrutas são pessoas muito fortes, que passaram por destacamentos no Iraque e no Afeganistão. São heróis de guerra, e também são muito críticos, como é fácil de imaginar. No início do primeiro dia, eles ficam sentados ali, mas, à medida que as horas passam, inclinam-se para a frente e começam a participar de forma ativa. Estávamos preocupados que fossem achar aquilo "sentimental" ou "papo furado de psicólogo". E, para nosso espanto, o que descobrimos depois de 10 dias é que eles dão ao programa uma nota média de 4,9, de um máximo de 5. Centenas deles disseram que foi o melhor treinamento que já tiveram no Exército.

É emblemático o caso de um sargento que me procurou no dia seguinte ao que ensinamos sobre reação ativa construtiva a bons acontecimentos e me disse: "Ontem à noite, ao telefone, meu filho de 11 anos e eu estávamos conversando sobre o dia dele na liga infantil de beisebol. Ele tinha feito algo bom. Depois de cinco minutos, meu filho perguntou: 'É você mesmo, papai?'" Portanto, os resultados têm sido positivos, de maneira subjetiva, inesperada e espantosa. Nos próximos meses, o Pentágono começará a publicá-los. Infelizmente eu não tenho liberdade para fornecê-los neste momento.

**Sarah Green:** Bem, isso de fato soa muito animador. Funcionou para professores, para instrutores de recruta, mas e para os gestores? O senhor poderia falar um pouco sobre os desafios que enfrentou ao adaptar o programa de um contexto organizacional para outro?

**Martin Seligman:** Na verdade, foi bem simples. Mas eu deveria primeiro explicar como surgiu o Programa de Resiliência Penn. Começamos com adolescentes e casais divorciados, depois o adaptamos para corporações. Portanto, criamos um modelo genérico de, primeiro, força mental; segundo, liderança por meio das forças; e terceiro, habilidades sociais e liderança. Com isso, replicamos o Programa de Resiliência Penn em muitos cenários, principalmente educacionais, mas também no ambiente corporativo. Depois, quando veio o Exército, adaptamos o modelo genérico para as Forças Armadas.

Pensávamos que teríamos que modificar radicalmente o programa de 10 dias, pois não era nada militar. Mas, quando começamos a entrevistar soldados, descobrimos que a maioria deles tinha 20 anos. Eles têm celulares. E as situações de estresse pós-traumático e rejeição que víamos não tinham a ver com o fato de o amigo ter sido morto. O ponto era uma rejeição lá na Cidade do Kansas. Antes de entrar em combate, o soldado tinha brigado com a esposa sobre o desempenho escolar dos filhos, por causa de dinheiro ou porque ela estava saindo com outra pessoa. Assim, constatamos que a maioria dos exemplos que usamos nas escolas para professores, na vida corporativa, para casais, para depressão e adolescência, servia muito bem. Portanto, mudamos cerca de 20% a 25% do conteúdo. Ou seja, é um programa adaptável que tem sido usado em uma variedade de cenários e só precisa de alguns ajustes para o ambiente corporativo.

Transmitido originalmente em março de 2011.

# Autores

**Ron Ashkenas** é sócio sênior da Schaffer Consulting, em Stanford, Connecticut.

**Warren G. Bennis** foi professor emérito de administração na Universidade do Sul da Califórnia e autor, em parceria com Patricia Ward Biederman, do livro *Still Surprised: A Memoir of a Life in Leadership* (Ainda surpreso: Memórias de uma vida na liderança). Ele faleceu em 2014.

**Alia Crum** é professora assistente de psicologia na Universidade Stanford. O foco de sua pesquisa é como mudanças em mindsets subjetivos podem melhorar a saúde e o desempenho por meio de mecanismos comportamentais, psicológicos e fisiológicos.

**Thomas Crum** é escritor, líder de seminários e coach de desempenho. Ele trabalha para ajudar pessoas e organizações a transformar conflitos em relacionamentos poderosos, estresse em vitalidade e pressão em desempenho máximo.

**Aram Donigian** (aram.donigian@usma.edu), tenente-coronel da reserva do Exército dos Estados Unidos, é professor de Negociação na Tuck School of Business, da Universidade Dartmouth.

**Roderick Gilkey** é professor na Faculdade de Medicina Emory e na Faculdade de Administração Goizuetta.

**Jonathan Hughes** (jhughes@vantagepartners.com) é sócio da Vantage Partners, especializada em gerenciamento de cadeias de suprimento, alianças estratégicas e gestão de mudanças.

**Graham Jones**, Ph.D., presta consultoria a profissionais de alto desempenho nos negócios, no atletismo e nas Forças Armadas há mais de 25 anos. Foi professor de psicologia de desempenho de elite na Universidade do País de Gales, Bangor. Seu livro mais recente é *Top Performance Leadership* (Liderança de alto desempenho). Atualmente, é diretor administrativo da Top Performance Consulting Ltd., em Wokingham, no Reino Unido.

**Clint Kilts** é diretor do Centro de Pesquisa de Imagens do Cérebro do Instituto de Pesquisa em Psiquiatria da Universidade de Ciências Médicas de Arkansas.

**Jim Loehr** (jloehr@lgeperformance.com) psicólogo de desempenho, trabalhou com centenas de atletas profissionais, incluindo Monica Seles, Dan Jansen e Mark O'Meara. Também é cofundador e CEO da LGE Performance Systems, consultoria que aplica em executivos do mundo dos negócios os princípios de treinamento desenvolvidos no esporte.

**Glenn E. Mangurian** (gmangurian@frontierworks.com) é cofundador da FrontierWorks, consultoria administrativa baseada em Hingham, Massachusetts. Foi vice-presidente sênior da CSC Index, em Cambridge, Massachusetts.

**Joshua D. Margolis** é professor de administração empresarial e presidente do conselho docente do Christensen Center for Teaching and Learning na Faculdade de Administração da Universidade Harvard.

**Mitchell Lee Marks** é professor de liderança na faculdade de administração da Universidade Estadual de São Francisco e presidente da JoiningForces.org.

**Philip Mirvis** é psicólogo e consultor organizacional.

**Tony Schwartz** é presidente e CEO do The Energy Project e autor de *Be Excellent at Anything* (Seja excelente em qualquer coisa). Curta o The Energy Project no Facebook e se conecte com Tony em twitter.com/TonySchwartz e twitter.com/Energy_Project.

**Martin E. P. Seligman** ocupa a cadeira Zellerbach Family como professor de psicologia e diretor do Centro de Psicologia Positiva da Universidade da Pensilvânia. O artigo publicado nesta coletânea é adaptado de seu livro *Florescer: Uma nova compreensão da felicidade e do bem-estar* (Rio de Janeiro: Objetiva, 2012).

**Paul G. Stoltz** é CEO da PEAK Learning, Inc., presidente do Global Resilience Institute e criador da teoria e do método Quociente de Adversidade (AQ, na sigla em inglês), usados atualmente no Programa de Educação Executiva da faculdade de administração da Universidade Harvard.

**Robert J. Thomas** foi diretor administrativo da Accenture Strategy por 18 anos. Ele é autor de vários livros sobre liderança e mudança organizacional, incluindo *Crucibles of Leadership, Geeks and Geezers* (Nerds e velhotes; com Warren G. Bennis) e *Driving Results Through Social Networks* (Impulsionando resultados através da rede de contatos; com Robert L. Cross).

**Jeff Weiss** deu aulas na Academia Militar dos Estados Unidos, em West Point, e foi fundador e sócio da Vantage Partners, firma de consultoria com sede em Boston especializada em negociações corporativas e gerenciamento de relacionamentos, na qual atuava em negociações de vendas e alianças estratégicas. Ele também é autor do *HBR Guide to Negotiating* (Guia HBR da Negociação).

# CONHEÇA OS TÍTULOS DA *HARVARD BUSINESS REVIEW*

### 10 LEITURAS ESSENCIAIS

Desafios da gestão
Gerenciando pessoas
Gerenciando a si mesmo
Para novos gerentes
Inteligência emocional
Desafios da liderança
Lições de estratégia
Gerenciando vendas
Força mental

### UM GUIA ACIMA DA MÉDIA

Negociações eficazes
Apresentações convincentes
Como lidar com a política no trabalho
A arte de dar feedback
Faça o trabalho que precisa ser feito
A arte de escrever bem no trabalho

### SUA CARREIRA EM 20 MINUTOS

Conversas desafiadoras
Gestão do tempo

Para saber mais sobre os títulos e autores da Editora Sextante,
visite o nosso site e siga as nossas redes sociais.
Além de informações sobre os próximos lançamentos,
você terá acesso a conteúdos exclusivos
e poderá participar de promoções e sorteios.

**sextante.com.br**